《中国盐业发展报告》编写组

ZHONGGUO
YANYE FAZHAN BAOGAO 2014

中国盐业发展报告 2014

经济管理出版社
ECONOMY & MANAGEMENT PUBLISHING HOUSE

图书在版编目（CIP）数据

中国盐业发展报告 2014/《中国盐业发展报告》编写组. —北京：经济管理出版社，2014.7

ISBN 978-7-5096-3162-1

Ⅰ. ①中…　Ⅱ. ①报…　Ⅲ. ①制盐工业—研究报告—中国—2014　Ⅳ. ①F426.8

中国版本图书馆 CIP 数据核字（2014）第 125661 号

组稿编辑：魏晨红
责任编辑：魏晨红
责任印制：黄章平
责任校对：超　凡

出版发行：经济管理出版社
（北京市海淀区北蜂窝 8 号中雅大厦 A 座 11 层　100038）
网　　址：www. E-mp. com. cn
电　　话：(010) 51915602
印　　刷：精美彩色印刷有限公司
经　　销：新华书店
开　　本：720mm × 1000mm/16
印　　张：12
字　　数：120 千字
版　　次：2014 年 7 月第 1 版　2014 年 7 月第 1 次印刷
书　　号：ISBN 978-7-5096-3162-1
定　　价：88.00 元

联系地址：北京阜外月坛北小街 2 号
电话：(010) 68022974　　邮编：100836

前言

《中国盐业发展报告》是中国盐业综合性研究成果，对产业发展方向的分析、判断、预测具有导向作用，对政府部门的宏观调控、投资机构和企业决策也有参考价值。《报告》的推出，为国内外各类经济组织、机构，行业的上、下游产业洞察中国盐业发展动态打开了一扇窗口，每年定期向社会公开发布。

《中国盐业发展报告2014》（以下简称《报告》）首先概述了中国盐业的总体发展状况，分析了盐的产业特性及制约或影响盐业发展的因素。《报告》重点介绍了盐业的整体运行情况，从国内宏观经济环境、国际经济环境、行业政策环境等方面详细分析了盐业的外部环境，解析了盐业的市场供给与需求现状，阐述了盐业相关产品的价格走势以及相关产业的市场发展现状，多角度地分析了盐业的市场特征及产业特点。《报告》专门关注中国盐业管理体制，梳理了中国盐业管理体制的演变与发展，展望了管理体制的变革。《报告》分析了国际盐业近年来的发展现状，与国内盐业发展进行了比较，通过大量的数据支撑和丰富的图表数据阐明了中国盐业的进出口现状及未来的发展趋势。《报告》介绍了中国盐业领域的重点企业，对盐业的投资风险、投资机会进行了分析和预测。

Preface

China salt industry development report is Chinese salt industry comprehensive research results, to the social public release every year.

Report firstly Outlines the overall development situation of the salt industry in China, and analyzes the characteristics of salt industry and the development of salt industry restricts or influencing factors. Report focus on the overall operation of salt industry. From the domestic macroeconomic environment, the international economic environment, industry policy environment of the salt industry to analyze the external environment of salt industry. This report parses the market supply and demand status of salt industry, expounds the salt industry related products prices, as well as the related industry market development present situation, and multi-angle analysis of the market characteristics of the salt industry and industry characteristics. Report specifically focus on the management system of Chinese salt industry, combing the evolution and development of the management system of Chinese salt industry, prospects the reform of management system. The report analyzed the international salt industry in recent years, and comparing with domestic salt industry development; through massive amounts of data support and rich chart illustrates the import and export of Chinese salt industry salt present situation and development trend in the future. Report to salt industry investment risk, investment opportunities are analyzed and predicted. The report also introduces the key enterprises in the field of Chinese salt industry.

The report on behalf of the Chinese salt industry the most high-end and the most authoritative view. Report of the views and analysis of the industry development direction, judgment, prediction has a guiding role. It also works for the government macroeconomic regulation and control decision-making. At the same time, also have reference value on investment institutions and enterprises. The report gives the domestic and international various kinds of economic organizations, institutions, industry upstream and downstream an opportunity to understand Chinese salt industry development dynamic.

目 录

Catalog

第一章 盐业发展综述

根据国民经济行业分类，本《报告》涉及的盐业包括采盐、盐加工等生产活动，盐的批发销售、盐的进出口等经营活动，还包括以盐为原料的其他相关生产经营活动及辅助活动。

盐——涉及民食工需，关系国计民生。盐是资源性产品，历来被视为重要的战略物资。

盐业已经成为国民经济的基础行业，在国民经济中占有举足轻重的地位。

一、盐业是国民经济的基础行业

盐是主要的生活资料，是人体必不可少的矿物质，它不仅是重要的调味品，更与人的健康密切相关。

盐是重要的生产资料，有着广泛的用途，被誉为化学工业之母，在其他工业、交通运输业、农牧渔业中都需要盐，在工业上与盐有关联的工业产品达 15,000 多种。2013 年工业用盐已占到整个盐消费量的 87%。

2004~2013 年，盐业创造的工业增加值连续增长，2013 年达到 139.8 亿元，按现价计算，年均增长 11.6%；盐业总资产达到 1,443.17 亿元，10 年增长了 2.6 倍。

从吸纳社会劳动力的角度看，盐业全行业从业人数近十年保持在 20 万人以上，2013 年为 20.45 万人。

盐业为国家的经济建设与发展做出了较大贡献，盐业利税收入是我国重要的经济来源之一。我国税改前，盐税一直是单列税种。在“第一个五年计划”时期盐税曾经占国家财政收入的 10%，随着国民经济各行业的不断发展，盐税在我国财政收入中的比重逐步降低，但盐税的绝对额一直保持在每年 15 亿~20 亿元。新中国成立后，盐业对国家财政收入的贡献达到了千亿元左右。

盐的商品特征决定了盐业是国民经济的基础行业。盐，既是人民生活须臾不可离开的重要生活品，也是重要的战略物资和原材料。无论是战争年代还是和平时期，许多国家都将盐作为重要的生活资料和生产资料加以管控。

在生活领域，从数量上看，食盐供给充足，全国范围各区域均按人口总量、交通运输等客观条件建设了食盐储备仓库，配备了相应的食盐安全储备量；从质量上看，严格按照国际标准生产、检测，其氯化钠含量均达98%以上。从品种上看，海盐、湖盐、井矿盐种类较为齐全，基本满足了不同消费人群的需要。在生产领域，为化工等行业提供了充足的原材料，基本上保证了供给。

经过60多年的建设与经营，我国盐业生产、营销、消费已具有一定的产业规模，其管理机制及运营状况基本正常，构成了完整的、独立的行业体系，成为我国国民经济中重要的基础行业。

二、盐业的产业特性

一个行业的发展离不开整个国民经济的宏观环境，同时也可以制约或影响与其相关的行业。

近年来，我国经济在克服金融危机带来的诸多困难情况下，继续调整产业结构、去产能化、去杠杆化，突出抓好经济效益提升，促使宏观经济继续保持平稳、持续、健康发展态势。我国盐业的发展如同国民经济发展一样，既保持了一定的增长速度，立足于控制产能盲目扩张，又注重提升经济效益和强化内部管理，增加了产品品种，提高了产品质量，降低了消耗成本，改进了售后服务，提升了市场应变能力，保持了盐业的稳健、持续发展。

（一）我国盐业的行业特性

盐是资源性产品，资源约束决定产业的兴衰。盐的资源相对丰富，资源对产能约束相对宽松。节能减排、环境保护等措施促进了全行业的综合利用。但生产企业对资源的开发、利用、保护等问题仍没有引起足够的重视。

盐业内部实行双轨制运行，既受国家调控，又受市场调节。食盐虽然在总产量和总消费量中占比较小，但食盐加碘关系着国民健康，承担着持续消除碘缺乏病的社会责任，由国家专营管理与调控，社会意义重大。在产量和消费量中占有主体份额的两碱工业用盐已经完全市场化，已成为化工行业的原材料或上游产品。

盐业生产技术装备基本满足生产需求，逐步实现了机械化、自动化。不断满足不同需求的各类深加工盐产品，具备较强的发展前景，资本有机含量逐年提升。

盐的流通基本实现了覆盖全国的食盐流通网络，保障了合格碘盐的供应。但是仍然存在经营观念传统、业务模式单一、流通效率不高的现象。

盐的总供给与总需求基本达到平衡。盐业基本上保持年度均衡生产，尽管部分产盐地区受到季节、气候、环境等因素影响，但仍保持供给充足，能够满足工业生产与人民生活的需求。

从生产企业看，产能过剩的问题比较突出。产品库存基本处于合理区间。

（二）盐业发展的制约因素

尽管盐业持续稳健发展，但是作为基础行业，要与国民经济协调发展，要在市场的资源配置当中发挥基础性作用，目前还存在诸多制约因素或影响因素。

（1）制盐生产集约化程度较低，存在大量的规模小、能力弱的生产企业，规模经营程度较低，影响了资源的合理利用及经济效益的充分发挥，产业集中度有待提高。

（2）盐是低价值、大吨位、运输成本高的产品。原盐作为基础原料，价格很低；食盐由国家定价，不能随行就市进行调价。较低的产品价格制约了部分企业的发展。

盐资源分布广泛，但储量、品位和禀赋不够均衡，其制取与储量及能源依赖度高，所以远离盐资源、缺乏能源供给的地区盐业生产难以形成规模，加之受交通等因素的影响，产销衔接有一定的难度。

（3）在市场经济日益深化的环境下，盐业的管理体制改革已经提到议事日程。既要满足人民生活的需要，又要使生产、经营企业适应新的经济环境，是摆在国家和行业管理者面前的重要课题。

第二章　盐业行业发展状况

一、盐业整体发展态势

盐既是人类生活的必需品，又是化学工业的基础原料，在其他工业和农牧渔业上也有广泛用途。我国盐业行业发展态势良好，主要表现为：原盐生产供应充足；盐产品消费量不断增加，特别是工业用盐的需求增幅较大；产销基本实现平衡；出口方式灵活，产品质量得到保障。但同时也存在一些亟待解决的问题。

（一）盐业运行情况

目前，我国盐业的发展速度和规模是前所未有的。总量规模不断壮大，盐产品产量持续增长，品种增加，品质不断提高与改善，产销基本平衡，市场供应充足。

1. 总量规模不断壮大

截至 2013 年，全国盐业系统拥有制盐企业 298 家，批发企业 2,222 家，转（代）批发企业 2,097 家；资产总额 1,443.17 亿元，从业人员 204,515 人。2013 年营业收入 806.82 亿元，是 2004 年的 3.07 倍；盐业企业工业总产值 375.31 亿元，是 2004 年的 3.15 倍；工业增加值 139.82 亿元，是 2004 年的 2.68 倍；利润总额 49.94 亿元，是 2004 年的 3.72 倍。如图 2-1~图 2-7 所示。

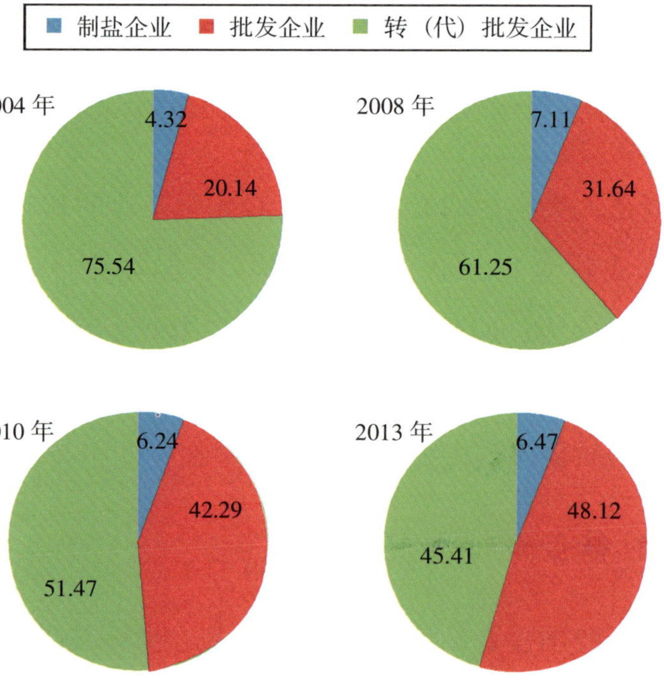

图 2-1 盐业企业结构（%）

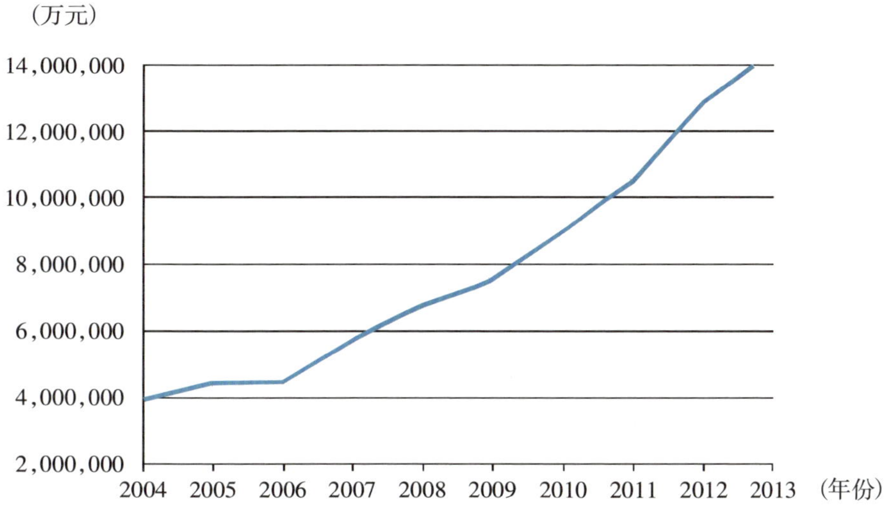

图 2-2　2004~2013 年盐业企业资产总额

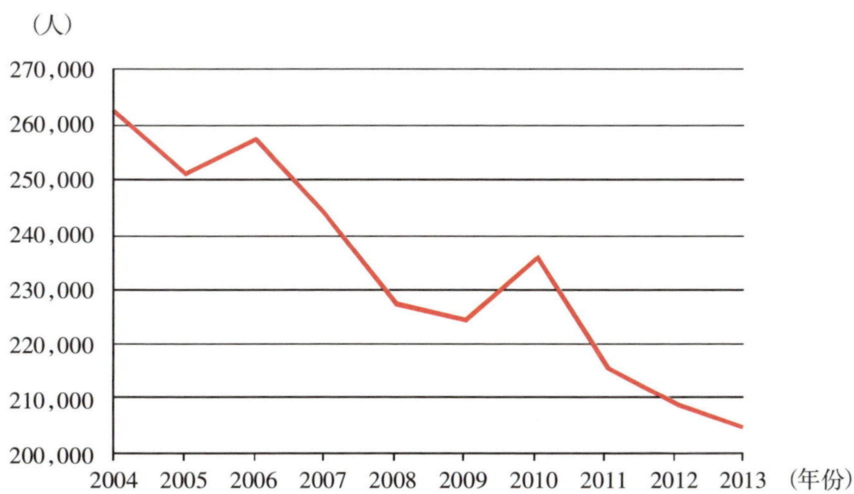

图 2-3　2004~2013 年盐业企业从业人数

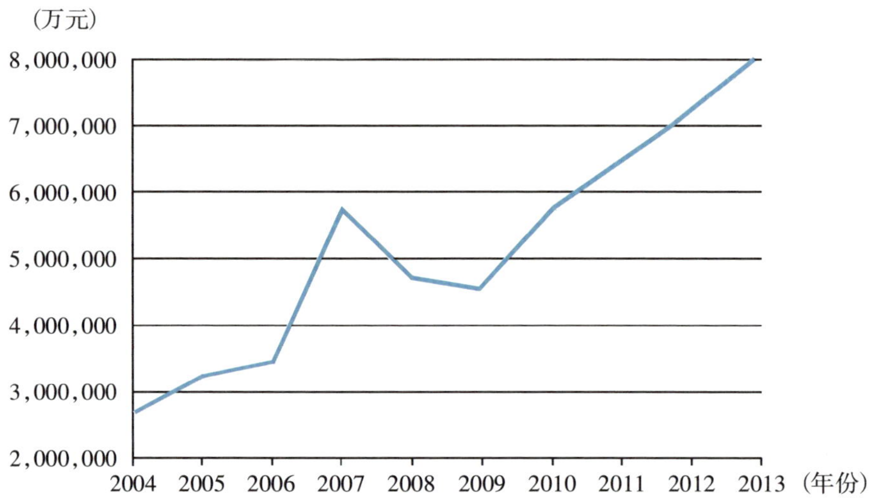

图 2-4 2004~2013 年盐业企业营业收入

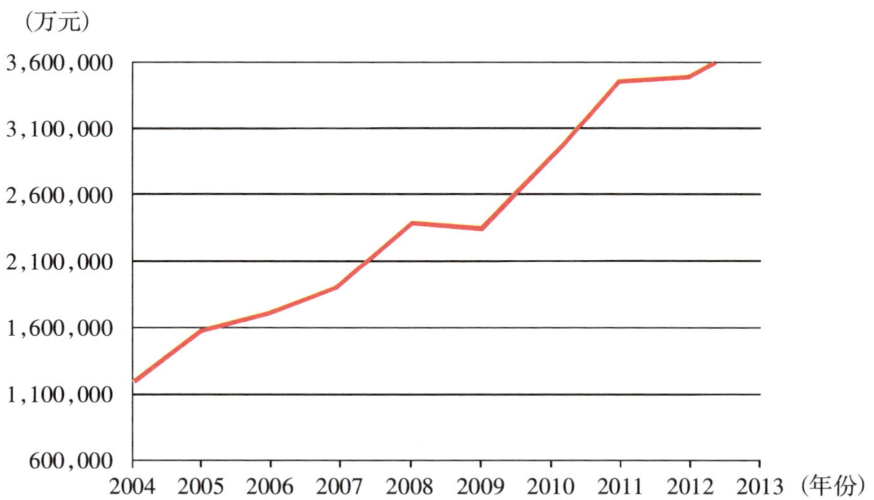

图 2-5 2004~2013 年盐业企业工业总产值

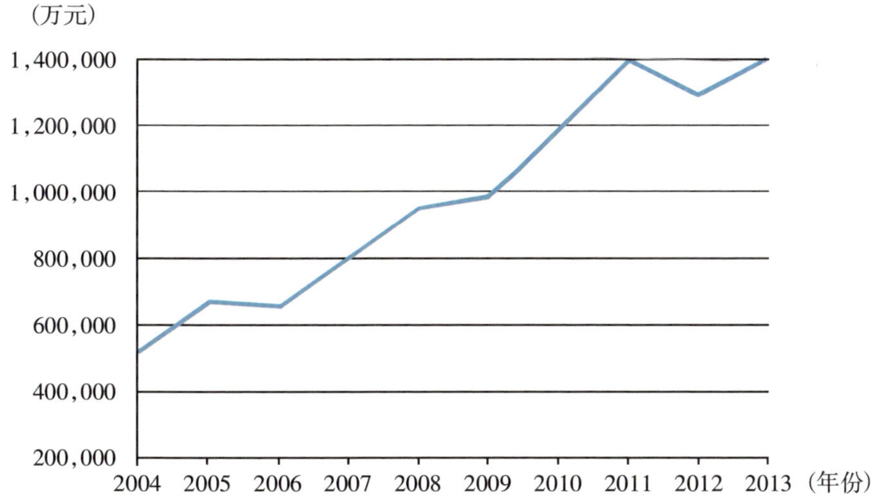

图 2-6　2004~2013 年盐业企业工业增加值

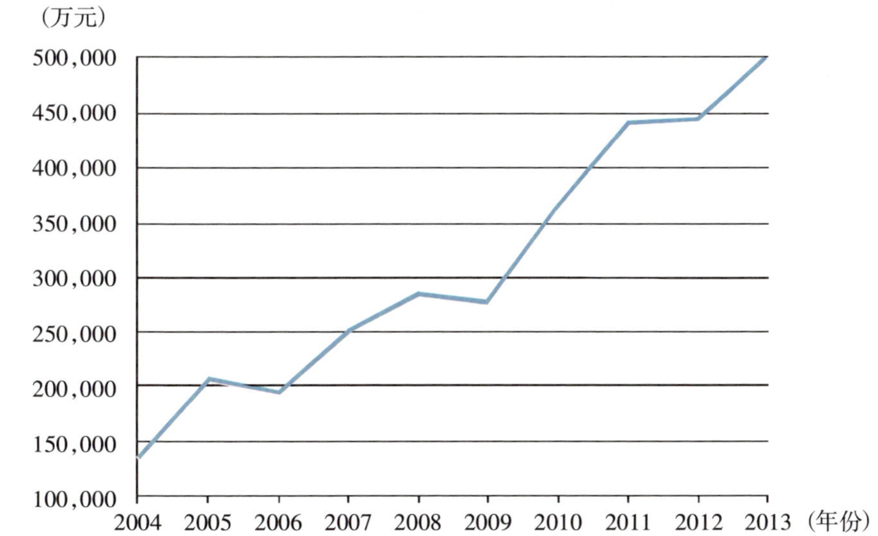

图 2-7　2004~2013 年盐业企业利润总额

2. 产量持续增长

改革开放以来，我国经济快速发展，制盐工业产能不断扩张，产量持续稳步增长，已经成为世界第一大产盐国，从根本上改变了产不敷销的状况。2005 年我国原盐产量达到 5,192.03 万吨，成为世界最大的产盐国。2013 年，我国原盐产量已达到 8,421.45 万吨，是 2003 年原盐生产总量 3,653.65 万吨的 2.3 倍。原盐平均年度产量为 6,395.63 万吨，年增长产量为 433.44 万吨，这种发展速度与规模在盐业历史上是前所未有的。我国盐业产量的快速增长主要得益于 10%的国民经济平均增长速度，使得对基础化工原料特别是对盐类产品需求猛增。生产区域差异化布局的海盐、湖盐、井矿盐生产对盐业需求形成有力保障。2003~2013 年我国原盐产量如表 2-1 所示。

表 2-1　2003~2013 年我国原盐产量

单位：万吨

年份	原盐产量	增长量
2003	3,653.65	0
2004	4,133.47	479.82
2005	5,192.03	1,058.56
2006	5,655.66	463.63
2007	6,211.41	555.75
2008	6,617.07	405.66
2009	7,137.63	520.56
2010	7,539.96	402.33
2011	7,737.95	197.99
2012	8,051.64	313.69
2013	8,421.45	369.81

3. 需求大幅上升

经济的发展，特别是我国工业的发展，使得盐的消耗量不断上升，对盐产品的需求呈大幅上升趋势。2003 年，我国盐业消费总量为 3,812 万吨，2013 年，我国盐业消费量上升至 8,220.39 万吨，消费总量上升了 4,408.39 万吨，约为 2003 年消费总量的 2.15 倍，盐业消费量呈总体上升趋势。特别是工业用盐的增长，2003 年我国工业用盐量为 2700 万吨，2013 年我国工业用盐的消费量为 6,680 万吨，工业盐消费量增加了 3980 万吨，2013 年工业盐的消耗量约为 2003 年消耗量的 2.47 倍。工业用盐量占盐消费总量由 2005 年的 77%增长至 2013 年的 87%。工业用盐在我国盐消费结构中占据绝对优势地位，其消费量的增长促进了盐整体消耗量的增长。2005~2013 年我国盐消费总量如表 2–2 所示。

表 2–2　2005~2013 年我国盐消费总量

单位：万吨

年份	盐消费总量
2005	3,750.92
2006	4,449.56
2007	5,017.62
2008	5,149.54
2009	5,362.25
2010	6,184.72
2011	7,576.42
2012	7,743.58
2013	8,220.39

4. 产销基本平衡

我国盐的生产、消费量巨大，但并未出现总体的产不敷消和生产过剩现象，基本上实现了盐的生产量高于消费量，产销总量基本保持平衡状态，产业结构稳定。2004 年，我国原盐生产总量为 4,133.47 万吨，盐消费总量为 4,015.12 万吨，盐产品结余量为 1,214.11 万吨；2006 年，我国原盐生产总量为 5,655.66 万吨，盐消费总量为 4,449.56 万吨；2013 年，我国原盐生产总量为 8,421.45 万吨，盐消费总量为 8,220.39 万吨。2005~2013 年盐的产销基本保持平衡，结余量上下浮动不大，年均结余量为 1,316.2 万吨。我国盐业基本实现了在产销总体平衡的基础上略有节余，盐业行业总体保持稳定发展态势。2005~2013 年我国盐总结余量如表 2-3 所示。

表 2-3　2005~2013 年我国盐总结余量

单位：万吨

年份	盐总结余量
2005	1,441.11
2006	1,206.10
2007	1,193.79
2008	1,467.53
2009	1,775.38
2010	1,355.24
2011	895.53
2012	1,244.06
2013	1,267.06

5. 品种不断增加

随着经济的不断发展、产业的不断细化以及人民生活水平的不断提高，相关制盐企业根据市场需求，不断加大了盐制品的研发和生产力度，大力研发盐的系列新产品、开拓细分市场、优化产品结构、培育盐业经济新的增长点，促使盐业生产趋于多元化，品种不断增加，用途不断增多。盐品种除传统食用盐、工业用盐及化工用盐外，各种调味盐、绿色盐、保健盐、原生态盐等各类多品种盐越来越受到人们的青睐，在我国高速公路里程的快速增长和关注民生、提供更多社会服务等新理念引导下，道路除冰融雪盐会产生强劲的内生动力。

6. 品质得以保障

我国盐业产量巨大，供应充足，在确保总量不断增长及小幅波动的基础上，产品质量不断提升。针对盐业市场出现的私盐贩销手段不断翻新，一些地方工业盐、无碘盐、劣质盐、假冒小包装盐冲击食盐市场，流向百姓餐桌和食品小作坊、小摊点等问题，盐业行政执法部门大力依法整顿，加大监管处罚力度，有力保障了食盐安全。对社会上出现的食用加碘盐“引发甲状腺结节和癌变”的传言，中央领导高度重视，责成卫生防疫专家展开深入调研，证实食用加碘盐不会引起甲状腺结节和癌变等疾病，并再次证明了食用加碘盐对消除碘缺乏病的重要性。

7. 大企业发挥引领作用

我国盐业大企业积极探索发展途径，经济效益再创佳绩。各级盐业批发企业对盐业体制改革早有心理准备，进行了多年市场化探索，积极开展适应自身特点的非盐业务，很多企业已经初步确立了相关多元发展的业务模式。中国盐业总公司获得国务院批准，成立了中国盐业股份有限公司，力图打通资本市场，做强与优化盐化工；湖南轻盐集团重点打造湖南盐业股份有限公司，集中优良资产，开拓新的业务，提升了盈利水平；浙江盐业集团建设食品保税仓，构建食品饮料连锁经营平台；安徽盐业集团开拓房地产业务和金融衍生品业务，取得了优良绩效；江苏盐业集团高度关注实体经济，力争将井神盐化公司打造成盐化结合、产销一体、资产优良、效益突出的上市公司。全国盐业企业在搞好盐业主业的同时，开拓多元发展新路。2013 年盐业大企业加快发展，行业引领作用更加凸显，经营业绩上了新台阶。

（二）盐业运营中的主要问题

1. 制盐企业经济效益欠佳

2013 年，盐业销售收入达到 3,778,873 万元，比 2012 年的 3,260,276 万元增加了 518,597 万元，增幅为 15.91%。在销售收入增长 15.91%的情况下利润总额下降，主要原因是盐价下滑、成本费用大幅上升等。2013 年利润总额比 2012 年的 233,216 万元下降了 8,604 万元，下降幅度为 3.69%。利润总额下降致使所得税减少了 2,088 万元，下降幅度为 21.10%。应交增值税比 2012 年减少 75,913 万元，下降幅度为 23.87%。制盐企业整体经济效益欠佳，但海盐企业经济效益相对较好，2013 年海盐企业同比利润有所上升。盐业生产发展总体态势良好，但并未获得较好的经济效益。

2. 制盐企业负债率偏高

2013 年，制盐企业负债率呈上升趋势，2013 年平均资产负债率为 59.07%，比 2012 年的 56.00%增加了 3.07 个百分点。湖盐、井矿盐企业负债率较高，分别达到了 72.66%和 67.09%，已经达到和靠近负债红线，分别比海盐企业高出 18.55 个和 12.98 个百分点，反映出湖盐、井矿盐两类企业扩能增速太快。负债率高企，加重了成本负担，压缩了盈利空间，严重影响了现金流的有效运行，在整个市场不景气的情况下，有可能造成资金链断裂，给企业带来严重风险和危机。

3. 制盐企业在岗职工收入偏低

2013 年，制盐企业在岗职工 122,384 人，比 2012 年的 126,834 人减少了 4,450 人，下降 3.5%。2013 年在岗职工人均报酬 35,751 元，比 2012 年人均报酬 32,764 万元增加了 2,987 元，增幅为 9.12%；国家统计局公布的数据显示，制盐企业在岗人员的人均工资比全国在岗职工年平均工资 47,593 元低 11,842 元，低幅达 24.88%。制盐企业中湖盐企业的人均报酬最高，为 4.32 万元；井矿盐次之，为 3.69 万元；海盐最低，为 3.44 万元，远低于其他行业的平均水平，这严重挫伤了职工的生产积极性，不利于企业增强凝聚力。

4. 产能未能得到充分发挥，已经出现产能过剩趋势，产业竞争加剧

2013 年，我国的原盐生产能力已经达到了 9,791 万吨，比 2003 年增长了 2.23 倍。特别是井矿盐的制盐能力近年来增长过快，2014~2015 年在建和即将投产的井矿盐项目潜在生产能力预计达到 500 万~600 万吨，产能主要分布在华北、西北和华东地区，加剧了原有产能过剩地区的竞争局面。

5. 进口盐快速增长，需要引起国内盐业企业的高度重视

2013 年，我国进口原盐达 768.68 万吨。突破了 2012 年 536.24 万吨的历史高位。进口原盐中 99%以上均为两碱工业用盐。进口国主要集中在澳大利亚、印度、墨西哥和智利。其中，澳大利亚和印度的进口数量分别达到了 368 万吨和 250 万吨，相当于我国 10 余家大型制盐企业的全年产量之和。

国内部分大型两碱生产企业与境外的原盐供货商逐渐建立了中长期的战略合作关系，在资金、工艺、技术、市场等方面形成了对国内盐业市场的巨大挑战，需引起高度重视。盐业企业要在国内外市场的激烈竞争格局下求得生存和发展，应着力解决“瓶颈”制约问题。

二、盐产品生产

海盐、井矿盐、湖盐是我国原盐生产的三大种类。近十年来，我国盐业生产基本满足了市场需求，盐产品品种不断增加，品质得到了改善和提高，生产特征发生了较大变化。海盐生产总量中长期增长趋势缓慢，近两年出现了产量下滑趋势。海盐的主力地位逐渐被井矿盐取代，我国原盐生产呈现井矿盐为主导，传统的海盐、湖盐为补充的产品格局。

盐业生产整体在健康发展，但仍存在一些不利因素。

（一）井矿盐生产基本情况

历史上盐业生产中占主导地位的是海盐生产，从 20 世纪 70 年代起，以水溶压裂法和真空制盐工艺开采井矿盐方式在我国开始兴起并广泛推广，井矿盐产量迅速攀升。2010 年，井矿盐产量第一次超过海盐，此后井矿盐产量一直高于海盐。如图 2–8 所示。

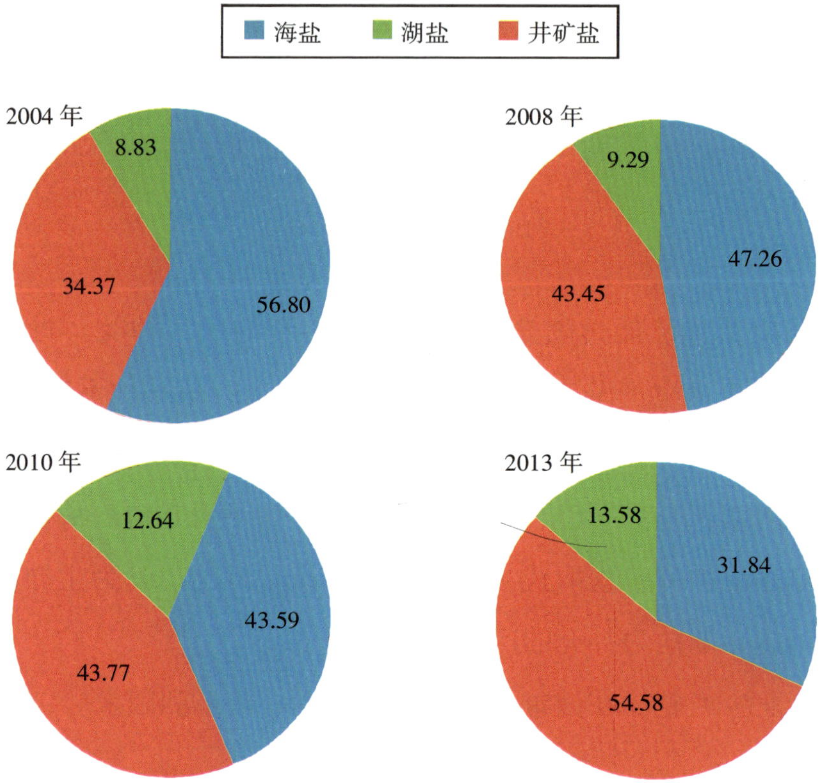

图 2-8　我国原盐分品种结构（%）

1. 井矿盐产量快速上升

井矿盐已经成为最大的原盐品种，近年来，随着内陆省份不断探明岩盐新的储量及相继在河南、安徽、江苏、陕西等省新建了一批井矿盐项目。2010 年后，井矿盐占原盐总产量的比重已超越海盐，成为占比最大的原盐品种。自 2003 年以来，井矿盐产量快速上升，2013 年达到 4,596.33 万吨，占全国原盐产量 8,421.45 万吨的 54.58%。与 2010 年的 3,300.29 万吨相比，增长了39.33%。2003~2013年井矿盐的年均产盐量达到2,765.16万吨，且由2003年占全国总产量的32.25%上升到2013年的54.58%。其中，液体盐的产量增长幅度较大。总体而言，井矿盐生产呈现快速上升趋势。如表2-4所示。

表2-4　2003~2013年井矿盐生产基本情况

单位：万吨

年份	井矿盐	总产量	所占比重（%）
2003	1,178.46	3,653.65	32.25
2004	1,420.88	4,133.47	34.37
2005	1,918.07	5,192.03	36.94
2006	2,049.75	5,655.66	36.24
2007	2,414.13	6,211.41	38.87
2008	2,875.12	6,617.07	43.45
2009	3,044.2	7,137.63	42.65
2010	3,300.29	7,539.96	43.77
2011	3,497.35	7,737.95	45.20
2012	4,122.17	8,051.64	51.20
2013	4,596.33	8,421.45	54.58

2004年、2013年我国井矿盐产量结构如图2-9、图2-10所示。

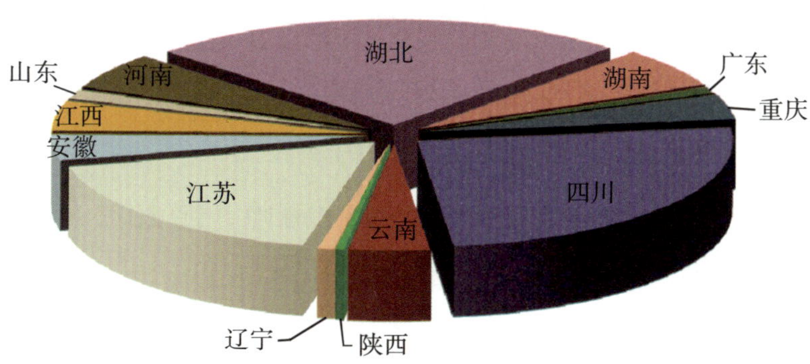

图2-9　2004年井矿盐产量结构

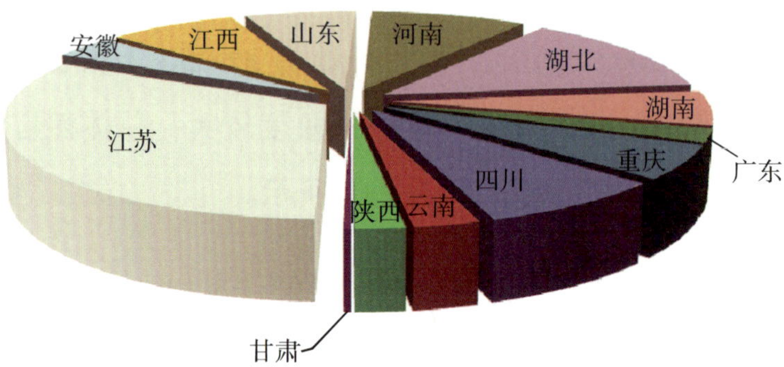

图 2-10　2013 年井矿盐产量结构

2. 液体盐产销量大幅增加

液体盐得以快速发展，是盐碱企业在工艺、技术、设备等多方面合作的结果，是产业链延伸的体现。盐碱双方的共同目的是降低生产成本、提高企业的经济效益。国家大力鼓励和支持这种产业的技术创新，早在 20 世纪 90 年代初期，就组织盐碱双方共同制定了液体盐产品国家标准。当时全国液体盐的使用量仅 30 多万吨，正处于探索阶段。进入 21 世纪，液体盐的使用在两碱企业有了技术性突破，固体盐的使用量逐步呈现下降趋势。制盐企业对卤水进行了净化处理，工艺水平有了提高，因此，液体盐产销量近些年有了大幅增加。

2013 年，全国液体盐产量 736.91 万吨，比 2012 年的 634.15 万吨增长了 16.21%。与 2010 年液体盐产量 420.33 万吨相比，增长了 75.31%。液体盐占井矿盐产量的比重已达 16.03%。但与美国相比差距依然很大，美国等发达国家两碱企业使用液体盐的比例在 80%左右。已经成熟的液体盐制碱工艺，减少了卤水蒸发、脱水、干燥、储存、运输、再融化等工序，直接体现为盐碱企业的经济效益，符合国家产业政策，具有发展潜力，液体盐前景广阔。

随着技术水平的进一步提高，我国两碱企业直接使用净化后的卤水制碱的比重将进一步增加，液体盐的产销量具有很大的上升空间。

2004 年、2013 年液体盐产量比例如图 2–11、图 2–12 所示。

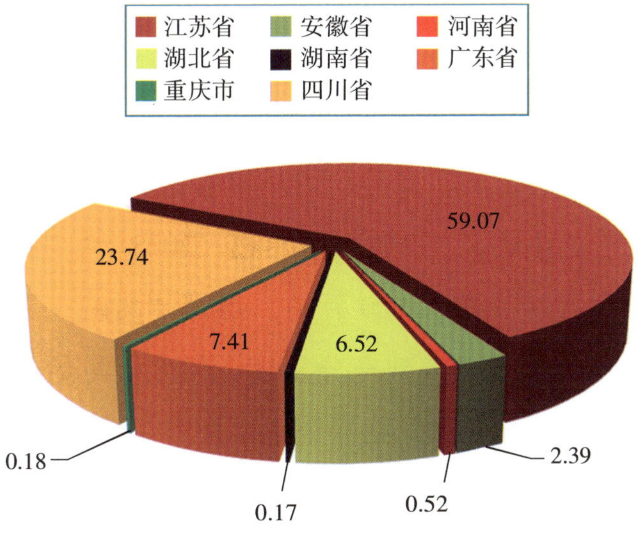

图 2–11　2004 年我国液体盐产量比例（%）

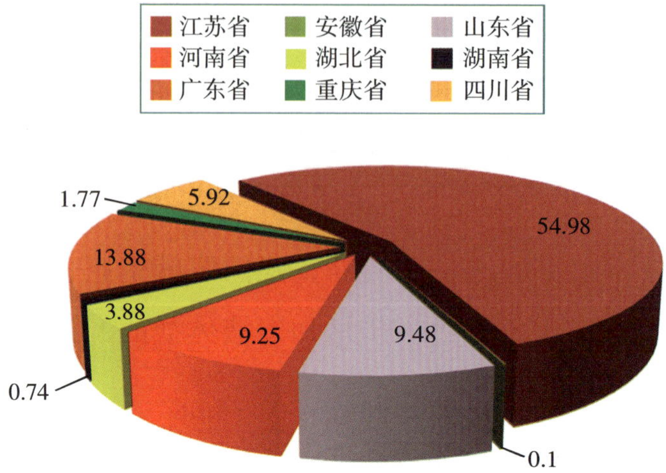

图 2-12　2013 年液体盐产量比例（%）

3. 企业产能稳步增长

截至 2013 年底，井矿盐生产企业共计 52 家，主要集中于四川、湖北、河南、云南、江苏、山东等省，近年江苏省、山东省的井矿盐生产企业增多，产能增长迅速。2013 年，我国井矿盐的制盐生产能力已经突破 5,000 万吨。虽因“两碱”需求量不足，主要生产企业产能没有得到充分发挥，但生产量最大的 10 家企业生产总量稳步增长，江苏制盐企业增长迅速。2013 年，生产量最大的 10 家井矿盐企业共生产原盐 2,048.12 万吨，比 2012 年生产量最大的 10 家企业生产量 1,955.44 万吨增长了 4.74%。平均生产量为 204.81 万吨，与 2012 年平均生产量 195.54 万吨相比，增加了 9.27 万吨，平均生产量增长 4.74%。10 家企业自身与 2012 年相比，生产总量增长 5.6%，凸显出井矿盐企业的规模效应。

4. 质量继续稳定提高

2013年，井矿盐产品质量继续保持稳定提高的态势，氯化钠平均含量98.36%，传统井矿盐区除河南省平均氯化钠含量为97.89%外，其他地区平均氯化钠含量均在99.4%以上，水分含量大部分在0.1%以下，水不溶物含量平均为0.06%，可溶性杂质平均为0.55%。产品质量明显优于海盐、湖盐。成品盐白度平均为79.08度，除陕西省、甘肃省比较低外，其他地区均在82~87度。

《食用盐碘含量》（GB26878-2011）新标准从2012年3月15日起执行后，食用盐产品（碘盐）中碘含量的平均水平（以碘元素计）为20~30mg/kg，允许波动范围为规定的食用盐碘含量平均水平的±30%。各省、自治区、直辖市人民政府卫生行政部门在规定的范围内，根据当地人群实际碘营养水平，选择适合本地情况的食用盐碘含量平均水平。各生产企业根据不同省、自治区和直辖市的规定，进行加碘盐的生产，使产品质量稳定。

5. 制盐装备向大型发展，工艺技术水平不断提高，综合能耗持续下降

近年来，我国井矿盐装置的规模水平不断向大型化发展，到2013年底单套制盐装置100万吨以上的有7套、60万吨的33套。在建的井矿盐项目规模都在100万吨以上，30万吨以下的制盐装置正在逐步淘汰。2004~2013年我国井矿盐装置规模如图2-13所示。

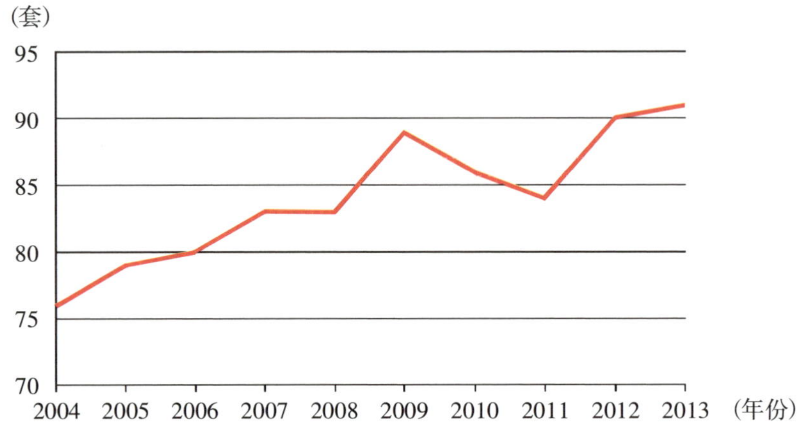

图 2-13　2004~2013 年我国井矿盐装置规模

围绕着节能降耗、五效真空蒸发工艺、热泵技术的采用逐步加大，并将成为未来井矿盐工艺装备进步的主流。由于环保要求，锅炉脱硫、脱硝装置逐步建设、投入使用。技术装备、管理水平不断提高，井矿盐综合能耗持续下降。2013 年，真空制盐产品单耗平均为 127.21 千克标煤/吨，比 2012 年平均 132.35 千克标煤/吨，下降了 3.88%，部分井矿盐企业综合能耗已降至 100 千克标煤/吨以下。

6. 营业收入总体上升

2013 年，井矿盐生产企业营业收入 1,784,389 万元，比 2012 年的 1,510,299 万元，增长了 18.15%。产品销售收入最高的是江苏省，为 469,149 万元，占全国井矿盐生产的 26.29%。第二位、第三位的分别是河南省、云南省，分别为 305,793 万元和 185,517 万元，各占全国井矿盐区的 17.14%和 10.4%。最低的是甘肃省，为 10,394 万元。营业收入增长幅度最高的是河南省，增长了 116.20%，其次是陕西省和云南省，分别增长了 37.44%和 35.57%。

7. 资产负债率较高

2013 年末井矿盐生产企业总资产 3,978,386 万元，比 2012 年的 3,854,790 万元增长了 3.2%；总负债为 2,603,619 万元，比 2012 年的 2,469,097 万元，增长了 5.4 %；资产负债率平均为 65.44%，负债率接近于国务院国资委《企业绩效评价标准值（2013）——采盐业》规定的一般值（66%）。资产负债率最高的是甘肃省，为 87.52%，第二位、第三位分别为重庆市和河南省，资产负债率分别为 82.95%、78.37%。资产负债率最低的是湖南省，为 43.08%，其次为安徽省，资产负债率为 52.92%。

8. 盈利能力有待提高

2013 年，井矿盐生产企业利润总额占比 17.97%。与 2010 年相比，井矿盐生产企业 2013 年利润总额下降了 29.31%。生产量持续增加，节能降耗成效显著，但利润总额下降，反映出井矿盐生产企业近几年受经营环境影响，效益下降。

（二）海盐生产基本情况

在我国长达 18,000 多公里的大陆海岸线和台湾地区、海南省均有海盐生产，海盐生产能力巨大，年均海盐生产量达 3,500 万吨以上。海盐生产按照不同的地理位置和自然气候条件分为北方海盐区和南方海盐区。北方海盐区包括辽宁、长芦（天津市、河北省）、山东、江苏四个主要产区，其产量占海盐总产量的75%左右。南方海盐区以浙江、福建、广东、广西、海南五省为主，产能较小，仅占到海盐产量的 25%左右。2013 年，海盐发展基本保持了平稳态势，但走低趋势明显，主要特征是：结构调整步伐加快，企业实力有所增强，区域发展矛盾加剧，海盐产能逐年下降。

1. 生产总量大幅下降

我国海盐资源非常丰富，生产自然条件十分优越。全国 23 个产盐省（市、自治区）中有 10 个省（市、自治区）生产海盐，主要集中在淮河以北的辽宁、山东、江苏、长芦四大盐区。历史上，海盐在我国盐业生产中一直占据主导地位，但海盐生产高度依赖盐田面积的扩大和适应蒸发的气候条件，传统的晒盐生产方式年产 100 万吨的盐场需 150 平方公里生产面积，海盐生产土地一般为国有划拨工业用地。近十年来，由于经济开发区建设速度加快，形成了盐业生产与开发用地的矛盾。各地政府为实现大城市、大港口的需求，将盐田大量征用，作为其他项目改建用地。2013 年，盐田总面积比 2012 年减少了 22,836 公顷，下降了5.17%，生产面积比 2012 年减少了 19,611 公顷，下降了 6.06%。使得海盐产量大幅度下降。2003 年，我国海盐产量为 2,204.64 万吨，占当年总产盐量的 60.34%。到 2013 年，海盐产量达到2,681.13 万吨，仅占当年总产盐量的 31.84%。 2003~2013 年，我国海盐年均产量为2,962.93万吨，其中2009年海盐产量最高，达到3,500.45万吨，总体而言，海盐产量呈下降趋势。如表2-5所示。

表2-5　2003~2013年海盐生产基本情况

单位：万吨

年　份	海盐产量	原盐总产量	所占比重（%）
2003	2,204.64	3,653.65	60.34
2004	2,347.76	4,133.47	56.80
2005	2,814.12	5,192.03	54.20
2006	3,117.90	5,655.66	55.13
2007	3,203.77	6,211.41	51.58
2008	3,126.99	6,617.07	47.26
2009	3,500.45	7,137.63	49.04
2010	3,286.63	7,539.96	43.59
2011	3,322.42	7,737.95	42.94
2012	2,986.42	8,051.64	37.09
2013	2,681.13	8,421.45	31.84

2. 区域发展矛盾突起

近年来，我国盐业区域矛盾较为突出。主要表现在：①南方海盐萎缩。南方海盐是我国盐生产的产区之一，随着浙江、福建、广东、广西、海南等省经济的快速发展和对土地等资源需求的不断增长，南方海盐区生产面积及产量急速下降，现阶段仅生产少量海盐保证当地人民的生活。但南方海盐区域内工业等产业的发展对盐业的需求急速上升，南方海盐区出现了海盐供不应求的现象。②价格垄断趋势出现。我国随着城镇化、工业化进程加快，海盐生产面积大幅度减少，海盐产量逐年下滑。但由于北方海盐生产区产量大幅度上升，在某些产盐大省，盐的生产量可以左右全国盐业市场的价格。如山东省由于拥有众多的海盐企业，特别是莱州湾地区拥有达到 12 波美度的浅层地下卤水资源而保有较高的产量，在气温高、降雨少的年份，其盐的产量可以左右全国盐的价格。

3. 产业结构有所改善

自《全国制盐工业结构调整指导意见》出台以来，海盐企业加大结构调整力度，加快现代企业制度的建立，建立和完善公司法人治理结构，积极培育和发展大型企业集团，强化内部管理，优化产品结构，开发多品种盐，依靠自然资源，大力推进卤水化工、水产养殖、盐田生物及其他多种经营产业项目。特别是近年来大量的小型制盐企业被兼并、改造，产业集中度提高。盐碱联合趋势明显，一些大型两碱企业兼并重组年产 100 万吨的制盐企业组建企业集团，如天津市的塘沽、汉沽盐场并入渤海化工集团，唐山市的大清河盐场并入三友集团，山东省的海化、海王、大地、龙威、诚源等分别组建了盐化集团，改变了传统原盐产销的模式，成为发展主流，盐业产能结构日趋合理。

4. 企业实力得到提高

海盐生产虽然面临着产业及区域生产问题，但海盐生产组织结构日趋合理，企业实力有所增强。主要表现为：①产能低下企业陆续被淘汰。截至2013年底，我国海盐企业法人共计208个，占全国制盐业的80%。比2009年下降了44%。其中北方海盐150家，南方海盐58家。按照产能划分，2013年产能60万吨以上17家、30万~60万吨52家、10万~30万吨30家，10万吨/年以下109家。在制盐企业中，10万吨以下的小企业仍占一定比例，主要是因为依靠自然资源维持生产，关闭、淘汰比较困难。②海盐企业整体盈利能力有所增强。2013年，北方海盐区企业总销售收入增长6.90%，利润略低于2012年，但相较于2011年、2010年均有所增长。海盐企业固定资产投资不断加大，企业资产总额逐年增加，2013年比2012年增长了9.2%，且大部分企业负债率均控制在60%以下的合理区间，企业实力增强。③一些大型企业通过加大盐田改造投资，生产能力与产量规模保持领先。

2013年，在天气条件不利的情况下，原盐产量仍保持在百万吨以上的企业有5家：山东羊口盐场160万吨、龙威盐场140万吨、诚源盐场120万吨，天津塘沽盐场105万吨，河北南堡盐场103万吨。这5家百万吨大型海盐生产企业是海盐生产的骨干力量，对沿海地区工业盐供应的节奏和价格起到了引领作用。

2004年海盐产区比例如图2-14所示，2013年海盐产区比例图2-15所示。

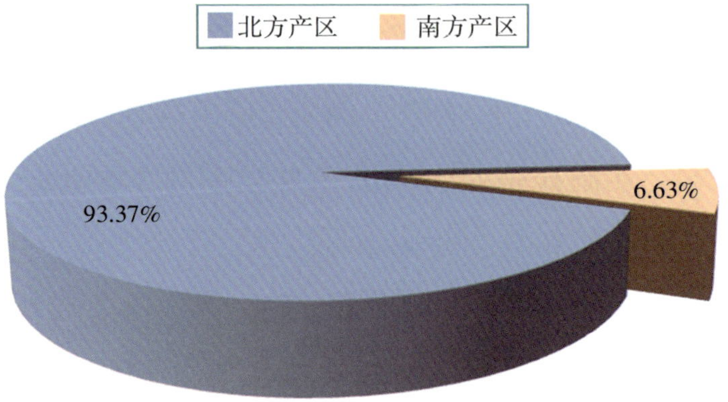

图 2-14　2004 年我国海盐产区比例

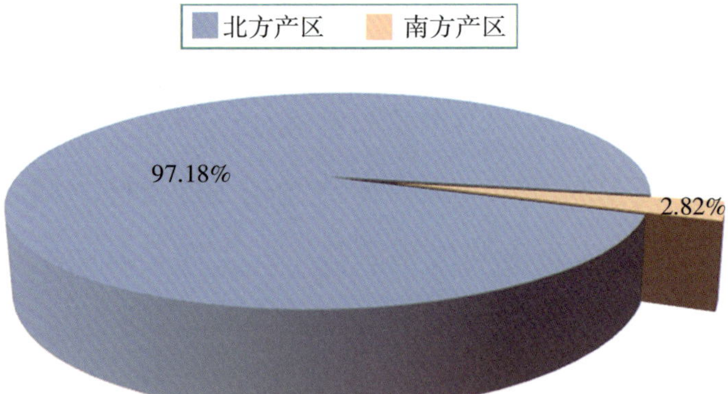

图 2-15　2013 年我国海盐产区比例

2004 年、2013 年我国北方海盐产区产量比例如图 2-16、图 2-17 所示。

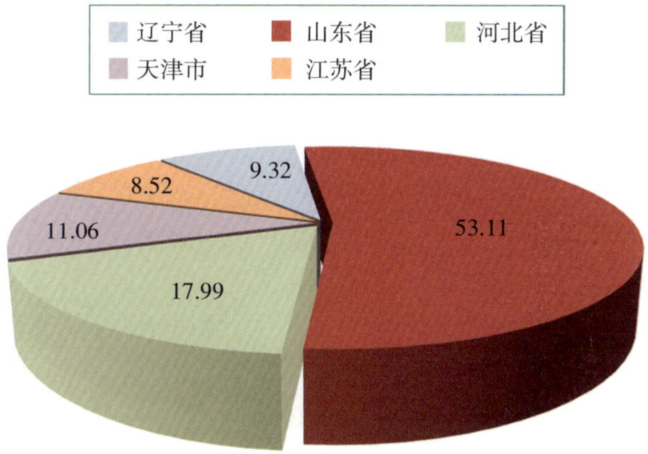

图 2-16　2004 年我国北方海盐产区产量比例（%）

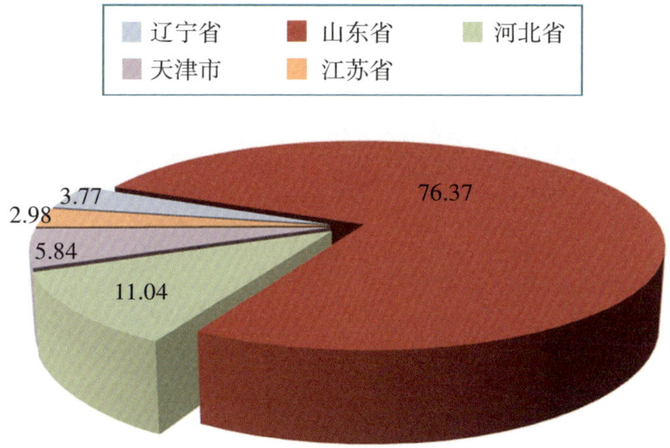

图 2-17　2013 年我国北方海盐产区产量比例（%）

2004 年、2013 年我国南方海盐产量比例如图 2-18、图 2-19 所示。

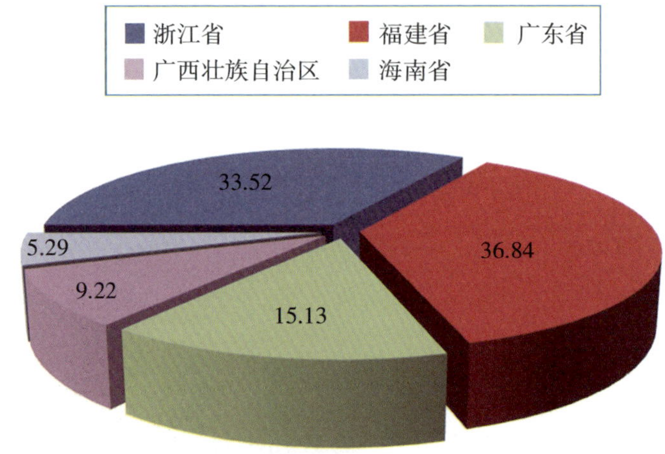

图 2-18　2004 年我国南方海盐产区产量比例（%）

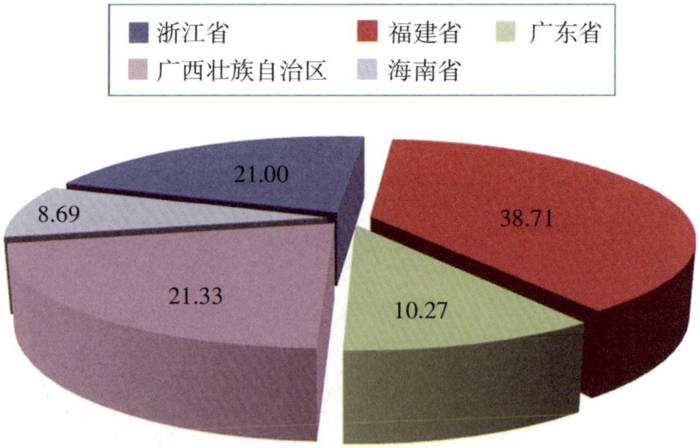

图 2-19　2013 年我国南方海盐产区产量比例（%）

（三）湖盐生产基本情况

湖盐也称池盐，是盐产品中的一个重要品种，是直接从盐湖中采掘或以盐湖饱和卤水在盐田中晒制而成的盐产品。我国盐湖众多，已知盐湖有 1,500 多个，面积大于 1 平方公里的盐湖有近千个。截至 2013 年，全国湖盐已探明储量 12,193.15 亿吨，基础储量 1,314.60 亿吨、储量 34.10 亿吨、资源量 10,878.15 亿吨。近两年来，全国盐行业的整体发展速度趋缓，作为盐行业的重要组成部分，湖盐产业的发展稳中有进。

1. 产量逐年上升

我国盐湖的盐资源极为丰富，但由于多数盐湖地处自然条件恶劣的高原地带，许多盐湖还没有得到开发利用。因此，湖盐区多年来生产较为缓慢，产量较小。随着船采、船运及短水输生产技术的广泛运用，湖盐已经具备了千万吨以上的生产能力。湖盐的年产量，不仅受到自身产能、规模、场地的制约，而且更多地受到来自市场的约束。大多数湖盐生产企业都是以市场的需求来确定产量，即以销定产。在“两碱”行业的拉动之下，湖盐产量处于逐年上升的趋势。2003 年，全国湖盐产量为 270.53 万吨，2004 年为 364.83 万吨，2008 年为 614.96 万吨，2010 年为 953.04 万吨，2012 年为 943.05 万吨，2013 年为 1,143.99 万吨。2013 年与 2003 年相比，10 年之间增长了 3.23 倍。

表 2-6　2003~2013 年湖盐产量

单位：万吨

年份	湖盐	原盐总产量	所占比重（%）
2003	270.53	3,653.65	7.40
2004	364.83	4,133.47	8.83
2005	459.56	5,192.03	8.85
2006	488.01	5,655.66	8.63
2007	593.51	6,211.41	9.56
2008	614.96	6,617.07	9.29
2009	592.98	7,137.63	8.31
2010	953.04	7,539.96	12.64
2011	918.18	7,737.95	11.87
2012	943.05	8,051.64	11.71
2013	1,143.99	8,421.45	13.58

2. 人员队伍不断扩大

2013 年，全国湖盐生产企业年均从业人员 12,077 人，从业人员报酬 309,116 万元，年均在岗职工 58,459 人，职工报酬 292,518 万元。其中，青海省湖盐生产企业年均从业人员 1,518 人，从业人员报酬 4,389 万元，年均在岗职工 1,370 人，在岗职工报酬 4,247 万元；新疆维吾尔自治区湖盐生产企业年均从业人员 682 人，从业人员报酬 5,086 万元，年均在岗职工 655 人，在岗职工报酬 5,007 万元；内蒙古自治区湖盐生产企业年均从业人员 1,396 人，从业人员报酬 11,027 万元，年均在岗职工 1,190 人，在岗职工报酬 8,988 万元；陕西省湖盐生产企业年均从业人员 3,665 人，从业人员报酬 9,283 万元，年均在岗职工 2,555 人，在岗职工报酬 8,335 万元；甘肃省湖盐生产企业年均从业人员 1,481 人，从业人员报酬 9,130 万元，年均在岗职工 1,423 人，在岗职工报酬 8,095 万元。与 2012 年相比，生产企业年均从业人员增加 1,143 人，从业人员报酬增加了 14,442 万元；生产企业年均在岗职工人数同比增加了 989 人，在岗职工人数报酬增加了 12,740 万元。可见，各企业在岗职工报酬均有不同程度的提高。

3. 资产负债率上升

2013 年，湖盐制盐企业资产总额 1,068,118 万元，与 2012 年的资产总额 645,544 万元相比，新增 422,574 万元。这部分新增资产主要是新建、改扩建项目和设备更新改造。其中，青海省制盐企业资产总额 97,834 万元；新疆维吾尔自治区制盐企业资产总额 62,320 万元；内蒙古自治区制盐企业资产总额 797,980 万元；陕西省制盐企业资产总额 75,363 万元；甘肃省制盐生产企业资产总额 34,621 万元。2013 年末，甘肃省制盐企业资产负债率 87.52%，内蒙古自治区制盐企业资产负债率为 78.33%，均超过了 70%的资产负债率警戒线。

4. 经济效益有所下降

2013 年，湖盐产量、销量虽然有所增加，但由于液体盐在供应过程中存在着含盐量折百损失、市场价格走低及生产成本、运输费用上升等减利因素，主要生产企业完成营业总收入 18,168 万元，比 2012 年的 25,786 万元减少了 7,618 万元。主要原因是由于盐湖质量下降、采掘条件变异、生产成本费用上升。

5. 资源保护亟待加强

湖盐生产区地处西北干旱地区，多数盐湖都未能划定资源保护专属区域，盐湖周边本来稀疏的自然植被，加上人为破坏等因素，致使风沙长驱直入，直接侵袭盐湖。有些湖盐企业不得不采用先清沙后采掘的办法，从而增加了生产成本。此外，由于长期干旱，蒸发量大，盐湖水位急骤下降，既影响了盐产品的质量，也给生产带来严重影响。所以，加强资源保护、做好盐湖周边植被保护、推广盐湖补水技术，确保资源的合理开发利用已刻不容缓。

2004 年、2013 年湖盐产量比例如图 2-20、图 2-21 所示。

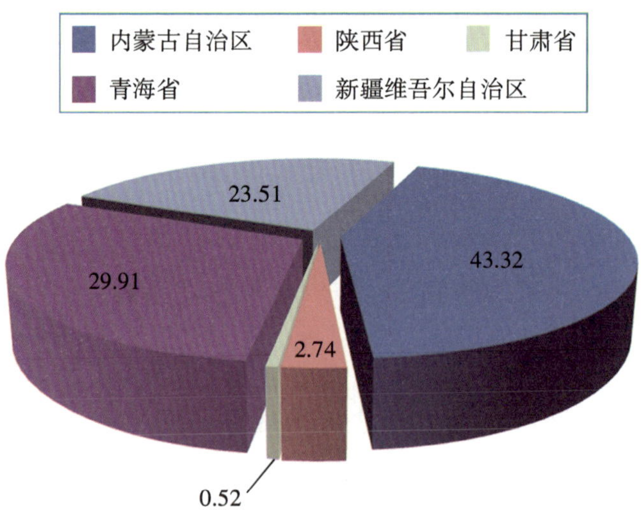

图 2-20　2004 年我国湖盐产量比例（%）

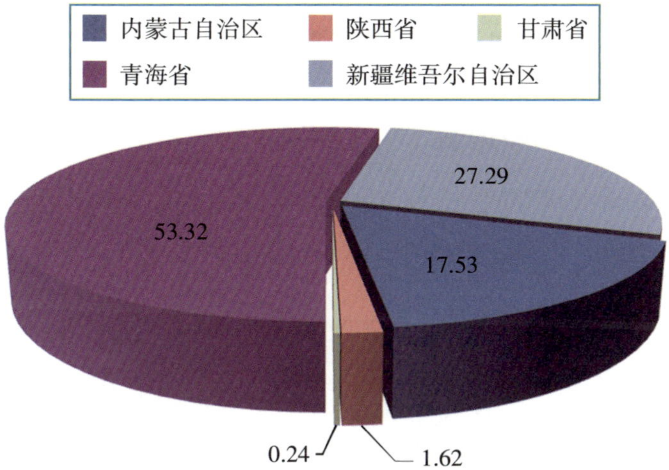

图 2-21　2013 年我国湖盐产量比例（%）

三、盐产品市场

我国盐产品市场较为活跃，工业用盐市场小幅增长，供应价格低位运行；食盐供应平衡有序，食盐安全保障有力，商业模式不断创新，消除碘缺乏危害工作持续推进；原盐进口贸易表现活跃，成交价格有所回落。盐产品市场呈现出原盐供需基本平衡、原盐消费稳中趋升，但区域性和结构性供求矛盾依然存在的总体格局，进口盐的冲击也不可忽视。从长期来看，产大于销的情况将继续存在，盐业还将面临诸多困难和挑战,为确保食盐消费安全、维护社会和谐稳定，推进盐业改革发展还需做出艰苦的努力。

（一）盐产品市场基本情况

1. 消费总量不断增长

随着我国人口的增长及产业的不断发展，对盐业产品的消费量也不断增长。2013 年，全国原盐需求总量达到 8,220 万吨，较 2012 年增长了 6.16%，增加 477 万吨。其中，两碱用盐较 2012 年增长了 7.74%，增加 480 万吨，小工业用盐比 2012 年下降了 11.3%，农牧渔及其他用盐增长了 42.86%。如表 2–7 所示。

表 2–7　全国盐业市场需求总量

单位：万吨

年份 / 名称	需求量			增长率（%）	
	2011	2012	2013	2012	2013
合计	7,576	7,743	8,220	2.20	6.16
食盐	981	935	959	–4.69	2.57
两碱用盐	5,900	6,200	6,680	5.08	7.74
小工业用盐	545	531	471	–2.57	–11.30
农牧渔及其他盐	150	77	110	–48.67	42.86

2. 产销基本实现平衡

我国在盐消费平衡增长的基础上实现了产销平衡。2005 年，原盐生产总量为 5,192.03 万吨，盐消费总量为 3,750.92 万吨，结余总量 1,441.11 万吨；2006 年，原盐生产总量为 5,655.66 万吨，盐消费总量为 4,449.56 万吨，结余总量 1,206.10 万吨；2013 年，原盐生产总量为 8,421.45 万吨，盐消费总量为8,220.39 万吨，结余总量 1,267.06 万吨。上下浮动变化不大，因此可知，我国盐业生产实现了在产销基本平衡的基础上略有节余，实现了盐业行业的基本稳定。如图 2-22 所示。

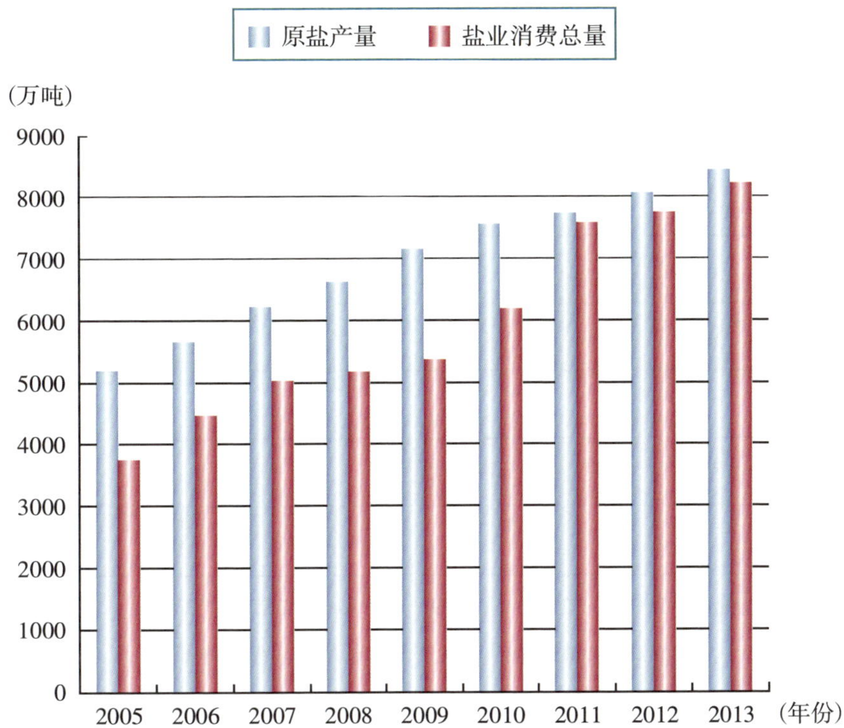

图 2-22　2005~2013 年我国原盐生产总量与消费总量

3. 需求波动明显

“十一五”期间，盐的消费总量年均增长率为 10.52%，其中当年增长率最高的达到 15.33%（2008 年）。2011~2013 年，盐的需求总量年均增长率为 9.94%，其中当年增长率最高的为

22.51%（2011 年）。从生产供给看，“十一五”期间，盐产量年均增长率为 7.75%，其中当年增长率最高的达到 9.83%（2007 年）。“十二五”前三年，盐的生产总量年均增长率为 3.75%，其中当年增长率最高的仅有为 4.59%（2013 年）。如图 2-23 所示。

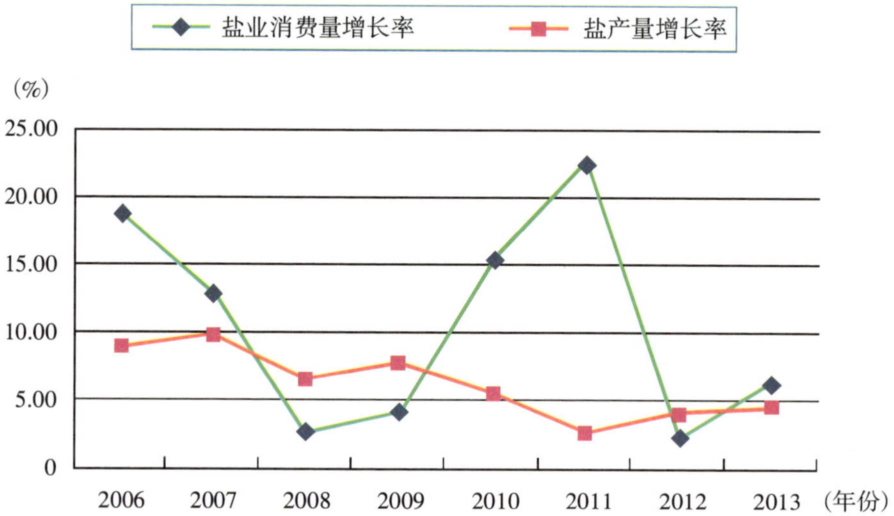

图 2-23　2006~2013 年盐产量增长率与消费量增长率

4. 消费结构发生变化

盐的消费结构变化的特点是：食用盐和小工业用盐在盐的总消费量中所占比重持续下降，而两碱用盐和农牧渔业及其他盐在总消费量中的比重有所上升。2013 年，全国盐的总消费中食用盐占 12%，小工业用盐约占 6%，两碱用盐约占 81%，农牧渔及其他用盐约占 1%，盐业市场活跃。与 2004 年相比，食盐比重下降

6个百分点，小工业用盐下降近了2个百分点，两碱工业用盐上升了近9个百分点，农牧渔业及其他盐下降了0.7个百分点。如图2-24、图2-25、图2-26所示。

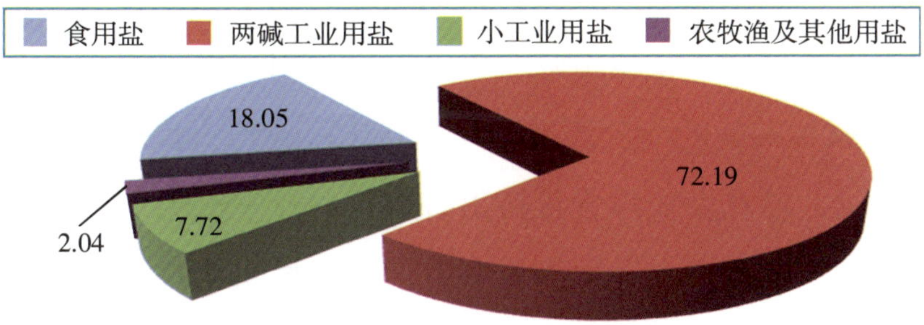

图 2-24　2004 年盐产品消费构成（%）

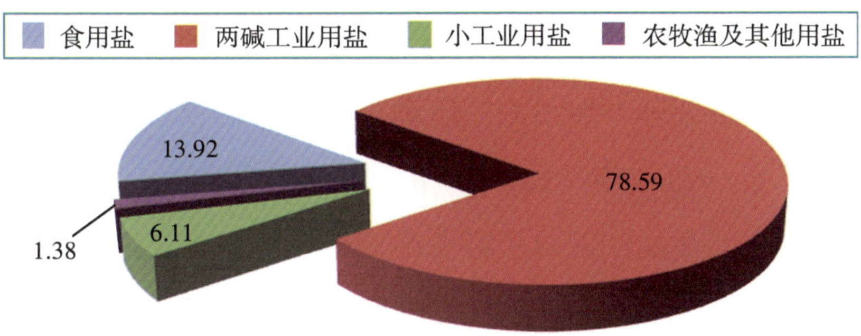

图 2-25　2008 年盐产品消费构成（%）

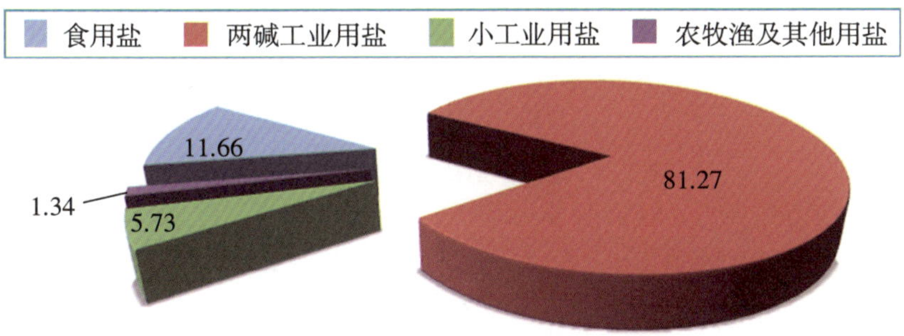

图 2-26　2013 年盐产品消费构成（%）

（二）食盐市场基本情况

近年来，食盐在盐产品总消费中的比重持续下降，但食盐作为人们生活不可或缺的食品，其社会意义重于经济意义。食盐供应纳入国家计划，食盐由政府统一定价，国家发展和改革委员会2003年颁布实施的《食盐价格管理办法》规定，食盐实行政府定价。同时，各省食盐零售价格由省物价局监审。总体而言，我国食盐供应平稳有序、食盐需求略有下降、质量管控严格、消除碘缺乏病工作持续推进、盐政管理成效显著。

1. 基础供应平稳有序

2013年，各省盐业部门针对消费市场中出现的新情况、新问题，加强应急管理、加强沟通协调，及时化解矛盾，保障了食盐市场的稳定。适应市场需求变化，组织科学调度，实行动态监测，确保国家食盐计划的平稳衔接，较好地完成了国家食盐的调拨计划。按销区统计，全年共购进食盐938.31万吨，完成年度计划883.91万吨的106.15%，比2012年下降了5.02%。2013年末，全国食用盐批发环节食用盐库存169万吨，可满足两个多月的市场需求如表2–8所示。

表2–8　全国食用盐调拨计划完成情况

单位：万吨

年份	国家计划	销区调入	计划完成率（%）	销区库存
2010	896.06	916.00	102.23	189
2011	881.56	1,001.00	113.55	195

续表

年份	国家计划	销区调入	计划完成率（%）	销区库存
2012	910.91	988.00	108.46	189
2013	883.91	938.31	106.15	169

2. 食用盐销售略有下降

2013 年，全国食用盐销售量 937 万吨，比 2012 年的 994 万吨减少了 57 万吨，下降了 5.74%。2005~2013 年，全国食用盐销售呈波动上升态势，年均增长率为 1.39%。其中，“十一五”期间年均增长率为 1.95%，“十二五”头三年，食用盐市场总体维持 2010 年水平，如图 2–27 所示。

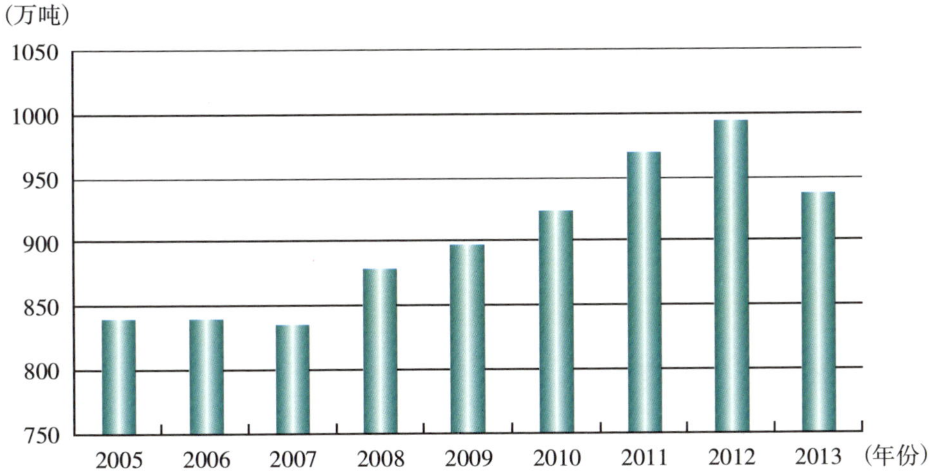

图 2–27　2005~2013 年我国食用盐销售量

3. 食品加工用盐市场活跃

进入“十二五”以来，由于食品工业和农业加工业的快速发展，特别是食品腌制业由原来的个体作坊式向专业化、规模化生产转变，使食品加工用盐需求逐年上升，2013 年达到 435 万吨，比 2012 年的 423 万吨增长了 2.84%，食品加工用盐在食用盐销售中占比上升到 44.5%，首次超过小包装食用盐 46.42%的比例。2010~2013 年，食品加工用盐销售量年均增长率为 10.66%，其中，2011 年和 2012 年的销售量增幅分别达到 15.58%和 14.02%。如表 2-9 所示。

表 2-9　全国食用盐批发销售量

单位：万吨

年份	多品种盐	小包装盐		食品加工用盐		批发销售总量
		数量	比上年增长（%）	数量	比上年增长（%）	
2009	31	534	—	328	—	898
2010	57	541	1.31	321	-2.13	924
2011	68	516	-4.62	371	15.58	970
2012	79	461	-10.66	423	14.02	994
2013	83	417	-9.54	435	2.84	937

4. 质量管控力度加强

各省盐业批发企业认真落实 GB26878-2011《食用盐碘含量》标准，健全、完善质量管理体系，强化质量保障机制，落实质量管理责任，加强盐产品质量监督抽查，广泛开展质量月活动，保障了食盐质量和食盐消费安全。2013 年，工信部和中国盐业协会组织的食用盐产品质量抽检中，质量合格率达到 99%以上。

5. 消除碘缺乏病工作持续推进

各省盐业管理部门普遍会同当地卫生、疾控中心等有关部门组织开展了“5·15 消除碘缺乏病日”宣传活动，大力宣传科学补碘、持续消除碘缺乏病的理念，收到了较好的效果，2013 年，全国碘盐覆盖率为 97.1%，碘盐合格率为 98%，合格碘盐食用率为 95.2%。2013 年，针对社会各界和广大人民群众要求改进非碘小包装食盐零售管理的呼声，各地在现有无碘食盐销售网点基础上，结合人口分布和交通状况，适度增设布局合理的零售网点，方便特殊人群购买无碘盐，满足了部分特殊人群的需求。

6. 市场监管力度加大

各省盐业管理部门充分发挥监督管理盐业市场的执法主体作用，加大监管力度，紧紧围绕食盐安全的重点环节，不断巩固和完善“政府领导，部门配合，社会参与”的工作机制，有计划、有步骤地开展盐业市场整顿与规范。积极争取工商、质监、卫生、商务、公安、交警、交通、铁路等有关部门的支持，加强对食品生产加工企业的监管力度，对从事酿造、调味品、豆制品、肉制品、酱菜腌制等加工生产企业开展了重点整顿，规范其用盐行为,坚决杜绝假冒劣质盐。加大涉盐重大案件查办力度，2013 年全国查办了 50 多起涉盐刑事犯罪案件，极大地震慑了涉盐违法分子。建立区域协同监管机制，深化区域战略合作，着力打造省际边界盐业市场管理的联动平台。

（三）10 家批发企业销售规模及分布特征

1. 批发企业市场集中度明显提高

2013 年，全国 10 家盐业批发企业销售各类盐品 1359 万吨，占全国总销量的 70.2%，比 2013 年（占全国总销量的 62.6%）提高了 7.6 个百分点。2013 年，全国 10 家盐业批发企业食盐销售量之和占全国的 67%，较 2012 年的 60.7%提高了 6.3 个百分点。大型批发企业群体的涌现，已经成为中国盐业市场中的突出现象，也正在成为改变盐业市场版图的现实或潜在力量。如表 2-10 所示。

表 2-10　2012 年、2013 年全国 10 家省级批发企业盐品销售表

单位：万吨

销售总量				食用盐			
2013 年		2012 年		2013 年		2012 年	
省份	销售量	省份	销售量	省份	销售量	省份	销售量
山东省	141.92	广东省	129.63	广东省	115.07	广东省	105.09
广东省	138.57	山东省	124.09	四川省	78.12	河南省	70.56
江苏省	113.74	江苏省	114.10	山东省	71.22	浙江省	69.48
云南省	112.04	浙江省	104.58	浙江省	69.56	江苏省	68.45
浙江省	103.15	云南省	98.90	江苏省	69.32	山东省	67.26
四川省	90.28	河南省	86.74	河南省	59.55	四川省	65.90
河南省	75.99	四川省	81.30	福建省	51.34	福建省	47.23
辽宁省	69.30	辽宁省	64.81	云南省	41.77	云南省	36.51
河北省	56.23	河北省	57.11	安徽省	36.43	安徽省	36.14
福建省	52.36	福建省	48.42	河北省	35.14	湖北省	35.92

2. 10 家省级企业食盐销售增幅明显

2013 年，全国 10 家省级盐业批发企业食用盐销售总量为 627.52 万吨，比 2012 年的 602.54 万吨增长了 4.5%（全国为负增长）。从个体看，广东、四川、山东、福建、云南、河北等 7 家省级批发企业均有不同程度的增长，2 家省级批发企业与同期持平，1 家省级批发企业出现下降现象。

按销售量统计，2013 年销售总量列全国前 10 位的省级批发企业名单没有变化，表明中国盐业大企业格局继续呈现较强的稳定性。2013 年排名全国食用盐销售量第 10 位的是河北省（2013 年食用盐销售量为 35.14 万吨），与 2012 年列第 10 位的湖北省（2012 年食用盐销售量为 35.92 万吨）相比，进入前 10 位省级盐业批发企业的门槛有所降低。

3. 10 家省级批发企业经济效益及运行效率

（1）10 家省级批发企业营业收入稳定增长。2013 年，全国 10 家省级批发企业实现营业收入 277.33 亿元，较 2012 年增长了 10.34%。其中安徽省增长 28.10%，浙江省、广东省、重庆市、湖南省增幅均达到了 11%左右。

（2）10 家省级批发企业实现利润大幅提高。2013 年，全国 10 家省级批发企业实现利润 17.72 亿元，2012 年实现利润 15.40 亿元，增长了 15.06%。如表 2-11 所示。

表 2-11 全国 10 家省级批发企业经济效益情况

单位：万元

营业收入				利润总额			
2013 年		2012 年		2013 年		2012 年	
安徽省	612,214	安徽省	477,943	安徽省	30,256	安徽省	24,089
江苏省	381,812	江苏省	381,160	浙江省	25,744	浙江省	22,317
山东省	376,065	山东省	371,458	广东省	24,759	广东省	17,039
四川省	217,415	四川省	203,644	江苏省	16,683	四川省	15,784
浙江省	216,050	浙江省	194,410	湖南省	16,321	江苏省	15,620
河南省	204,693	河南省	190,159	四川省	15,648	湖南省	15,339
重庆市	198,335	重庆市	179,814	山东省	14,337	山东省	13,003
湖南省	191,681	湖南省	174,040	上海市	12,885	陕西省	11,671
广东省	189,549	河北省	170,982	陕西省	10,513	上海市	10,587
云南省	185,517	广东省	169,935	甘肃省	10,031	甘肃省	8,508

4. 10 家省级批发企业资产规模不断壮大

2013 年，全国 10 家省级盐业批发企业资产规模 282.28 亿元，较 2012 年增长了 15.40 亿元，增长了 18.53%。与此同时，负债总额上升了 25.17%，资产负债率上升到 59.37%，但财务风险仍处可控范围。如表 2-12 所示。

表 2–12　全国 10 家省级批发企业资产负债情况

单位：万元

资产总额				负债总额			
2013 年		2012 年		2013 年		2012 年	
安徽省	606,277	安徽省	360,932	安徽省	418,481	安徽省	246,909
贵州省	297,123	贵州省	310,477	贵州省	205,453	贵州省	204,207
浙江省	293,590	云南省	264,021	云南省	170,924	山东省	161,243
云南省	269,873	浙江省	256,938	山东省	170,159	云南省	143,532
重庆市	260,835	重庆市	222,756	重庆市	161,199	重庆市	128,762
山东省	240,301	山东省	220,115	河北省	142,239	河南省	106,512
湖南省	224,747	湖南省	216,578	河南省	111,709	河北省	98,210
四川省	218,662	四川省	195,731	浙江省	108,131	湖南省	90,048
江苏省	214,627	江苏省	194,269	江苏省	99,672	江苏省	86,960
河北省	196,722	河北省	139,794	湖南省	87,723	浙江省	73,097

5. 10 家省级批发企业运行效率居全国同行业先进水平

2013 年，全国省级批发企业人均销售各类盐 189 吨。人均销售量列前 10 位的依次是：云南省、上海市、天津市、福建省、北京市、广东省、新疆维吾尔自治区、江苏省、浙江省、辽宁省。其中列前 3 位的云南省、上海市、天津市人均年销售量均达到 1,000 吨以上。2013 年全国批发企业人均年销售食用盐 130 吨，上海市、云南省、福建省、天津市、广东省列前 5 位。如表 2–13 所示。

表 2–13　全国 10 家省级批发企业人均销盐量

单位：吨/年

人均销售总量				人均销售食用盐量			
2013 年		2012 年		2013 年		2012 年	
云南省	2,872.82	云南省	2,406.33	上海市	1,127.57	上海市	1,072.43
上海市	1,293.83	北京市	1,395.86	云南省	1,071.03	天津市	1,018.45
天津市	1,063.09	天津市	1,282.04	福建省	820.13	北京市	938.46
福建省	836.42	上海市	1,239.09	天津市	788.84	云南省	888.32
北京市	678.55	福建省	847.99	广东省	513.02	福建省	827.15
广东省	617.79	新疆维吾尔自治区	643.08	北京市	456.81	广东省	475.95
新疆维吾尔自治区	565.40	广东省	587.09	江苏省	336.67	广西壮族自治区	391.06
江苏省	552.40	江苏省	546.98	浙江省	287.08	浙江省	344.47
浙江省	425.71	浙江省	518.49	广西壮族自治区	281.02	江苏省	328.14
辽宁省	354.11	广西壮族自治区	437.59	四川省	271.63	四川省	297.52

2013 年，全国省级批发企业人均实现营业收入 53.67 万元，人均实现营业收入列前 10 位的依次是：天津市、云南省、上海市、江苏省、重庆市、北京市、安徽省、贵州省、福建省、新疆维吾尔自治区。其中列前三位的天津市、云南省、上海市人均实现营业收入均达到 300 万元以上。2013 年，全国省级批发企业人均实现利润总额 3.53 万元，人均实现利润总额列前 10 位的依次是：上海市、北京市、云南省、天津市、广东省、浙江省、宁夏回族自治区、江苏省、福建省、广西壮族自治区。其中列前两位的上海市、北京市人均实现利润总额均达到 40 万元以上。排名

第三位的天津市人均实现利润总额达到 20 万元左右。如表 2-14 所示。

表 2-14　全国 10 家省级批发企业人均创造效益

单位：万元/年

人均营业收入				人均利润总额			
2013 年		2012 年		2013 年		2012 年	
天津市	555.14	天津市	538.13	上海市	53.02	上海市	43.57
云南省	475.68	北京市	423.81	北京市	26.38	北京市	43.15
上海市	318.72	云南省	347.37	云南省	25.65	天津市	19.63
江苏省	185.44	上海市	259.32	天津市	20.80	浙江省	11.06
重庆市	160.86	江苏省	182.72	广东省	11.04	福建省	7.78
北京市	156.06	贵州省	151.90	浙江省	10.62	广东省	7.72
安徽省	126.99	重庆市	151.61	宁夏回族自治区	8.23	广西壮族自治区	7.69
贵州省	121.71	新疆维吾尔自治区	115.45	江苏省	8.10	江苏省	7.49
福建省	104.04	福建省	106.07	福建省	7.95	四川省	7.13
新疆维吾尔自治区	99.59	安徽省	100.32	广西壮族自治区	7.80	湖南省	6.89

（四）工业用盐市场基本情况

工业用盐主要是指烧碱、纯碱工业用盐和其他工业用盐。

1. 两碱用盐市场

烧碱与纯碱是重要的基础化工原料，广泛应用于轻工、化工、纺织、印染、医药、冶金、石油和军工等行业，在国民经济中占有重要地位。

（1）需求逐年上升。2009~2013 年，两碱工业用盐年均增长 6.46%。其中，2013 年两碱工业用盐消费量为 6,680 万吨，比 2009 年的 5,200 万吨增加了 1,480 万吨，增长了 28.46%。从 2004 年起，我国烧碱产量已跃居世界第一位。2013 年，国内烧碱产能达到 3,850 万吨/年，较 2012 年增长了 3.05%；烧碱产量 2,854 万吨，较 2012 年增长了 5.78%，行业总体开工率在 74%左右，较 2012 年 72%的开工率略有提升。2009~2013 年，我国烧碱产能年均增长率约为 13%，产量年均增长率约为 11.72%。近年来，房地产、平板玻璃等相关行业的快速发展极大地拉动了纯碱需求，推动国内纯碱产能、产量迅速增长。自 2003 年起，我国纯碱产能和产量便稳居世界首位。2013 年纯碱产能 3,100 万吨，比 2012 年的 2,870 万吨增长了 8%；产量为 2,429 万吨，比 2012 年的 2,403 万吨增长了 1.17%，行业总体开工率明显降低，其中 2013 年开工率为 77.19%，2012 年开工率为 83.66%。如表 2-15 所示。

表 2-15　全国两碱工业用盐统计

单位：万吨

年份	两碱产量		两碱用盐	同比增长（%）
	烧碱	纯碱		
2009	1,832	1,938	5,200	—
2010	2,029	2,080	5,490	5.58
2011	2,400	2,308	5,900	7.47
2012	2,698	2,403	6,200	5.08
2013	2,854	2,429	6,680	7.74

（2）占比份额基本稳定。两碱工业用盐在盐产品的消费结构中保持主体地位。2005 年两碱工业用盐量占盐产品消费总量的 77%，2006 年为 78.54%，除 2007 年小幅度下降外，2008~2013 年逐步上升至 81%。由此看出，两碱工业用盐在我国盐产品消费结构中占据绝对优势地位，并保持稳定的小幅增长趋势。如表 2–16 所示。

表 2–16　全国两碱工业用盐占盐产品消费比重（盐产品消费=100）

年份	比重（%）
2005	77.00
2006	78.54
2007	71.81
2008	70.65
2009	72.02
2010	75.09
2011	75.49
2012	77.82
2013	78.50

（3）增幅逐渐减弱。2004 年以来，盐及两碱的增长幅度总体呈递减走势，盐的年增长率在 2005 年攀升至最高点 34.51%，随后一路下降，至 2013 年增幅为 7.14%，比 2005 年下降了 21 个百分点。两碱年增长率在 2005 年攀升至最高点 25.41%，随后温和下降，至 2013 年增幅为 7.9%，比 2006 年下降了近 12 个百分点。2013 年，盐及两碱的增长幅度基本接近。如图 2–28 所示。

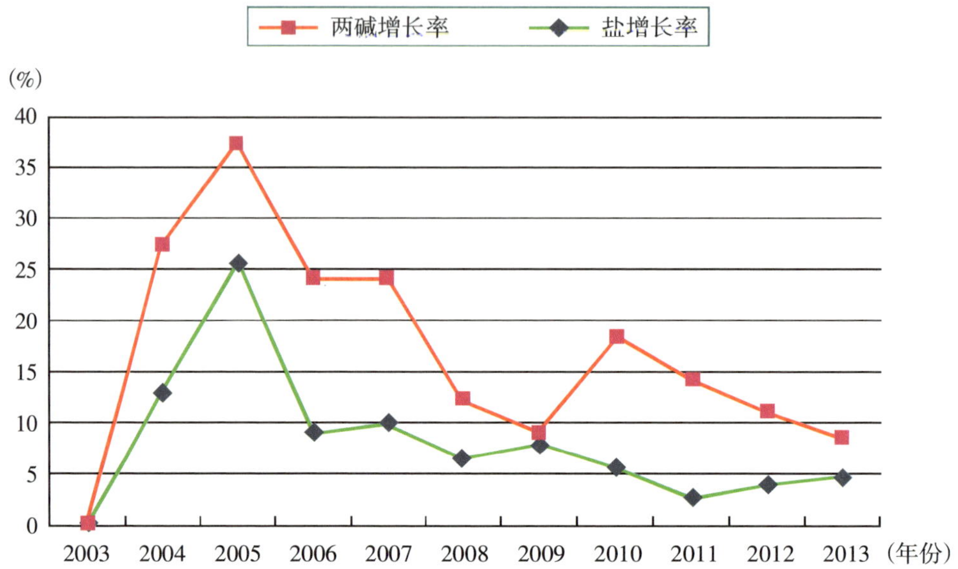

图 2-28　盐、两碱产量年度增长率

（4）盐与两碱的关联度提高。2004 年，两碱工业用盐占盐产量的比重为 58.76%，2013 年两碱工业用盐占盐产量的比重上升到 81.79%。虽然低于发达国家化工用盐一般占总盐耗量的 90% 的比例，但反映出我国工业化进程在逐年加快。从一个侧面讲，国民经济的全面发展，依赖于发达的化学工业，而发达的化学工业又依赖于发达的制盐工业。如图 2-29、图 2-30 所示。

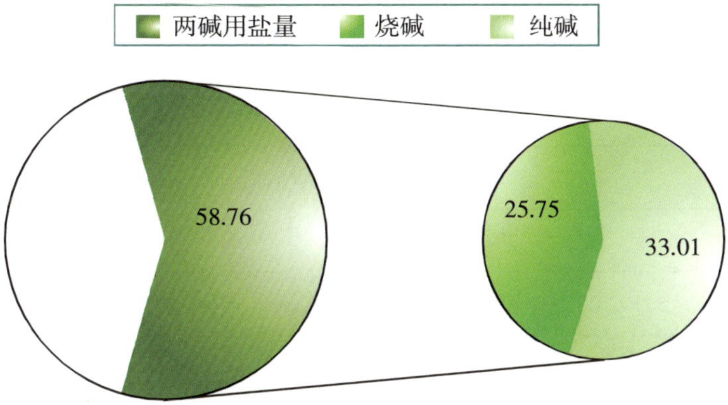

图 2-29　2004 盐与两碱关联图（%）

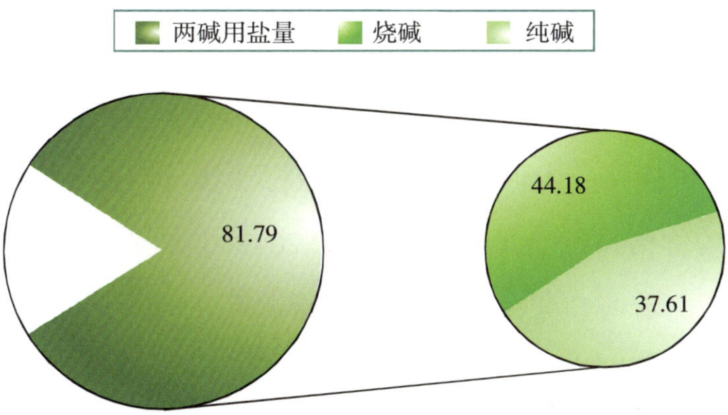

图 2-30　2013 年盐与两碱关联图（%）

2004~2013 年盐及两碱年度产量对比如图 2-31 所示。

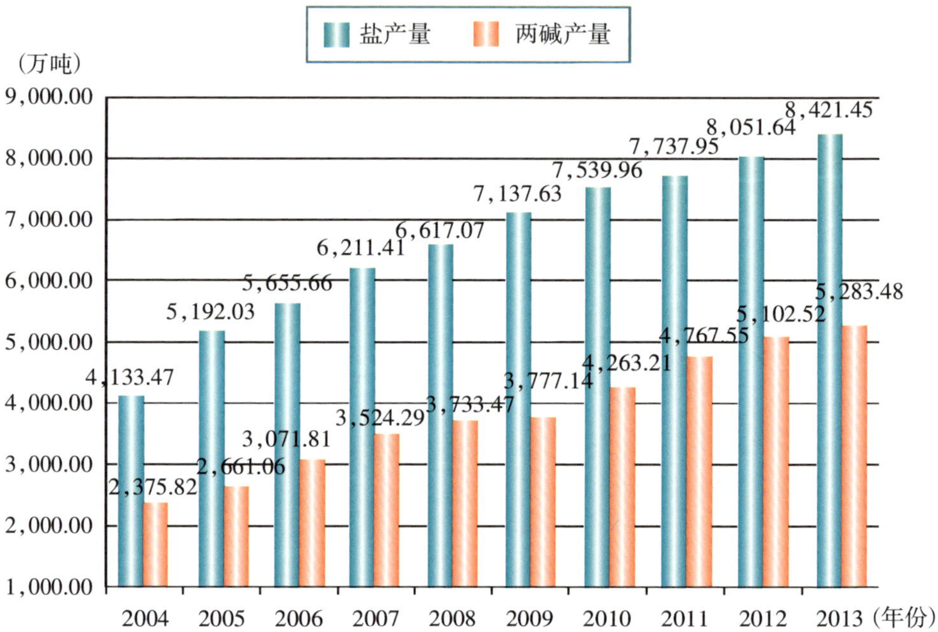

图 2-31　2004~2013 年盐及两碱年度产量对比图

（5）价格持续走低。受下游两碱行业市场影响，2013 年我国原盐市场价格持续走低，并且低于 2012 年水平。特别是在 7 月份前后，随着海盐集中上市，市场货源充足，加之澳大利亚、墨西哥、印度等国进口低价货源的涌入，对国内原盐市场形成了冲击，原盐价格出现了一轮较为明显的连续走跌行情。年末，由于下游市场对原盐需求好转，市场价格稍显提升，但仍难以挽回 2013 年价格整体低位运行的态势。见图 2-32 所示。

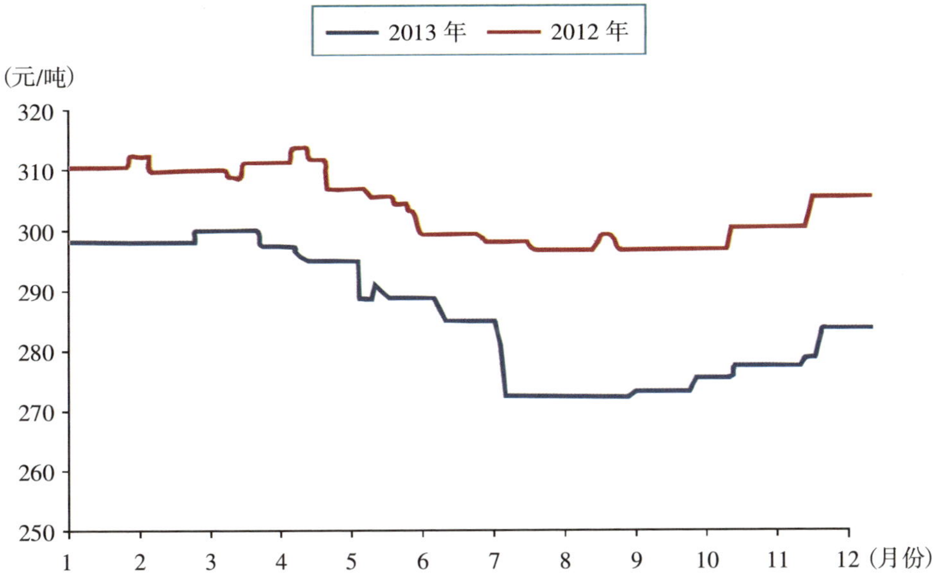

图 2-32 2013 年与 2012 年国内原盐出厂均价对比

山东省作为我国原盐产量第一大省，2013 年整体价格重心明显下移。由于受 2012 年的影响，2013 年山东地区产量有所降低，至 5~7 月春晒期间，受降雨等天气异常因素影响，山东地区春扒工作推迟，但下游两碱市场欠佳的局面以及进口海盐的价格冲击，使山东地区盐价格稍受影响。7 月份后，山东省海盐价格止跌回稳，在海盐大幅减产、盐企库存低位的利好作用下，逐步回暖，2013 年底，价格调整至 290 元/吨（含税）。如图 2-33 所示。

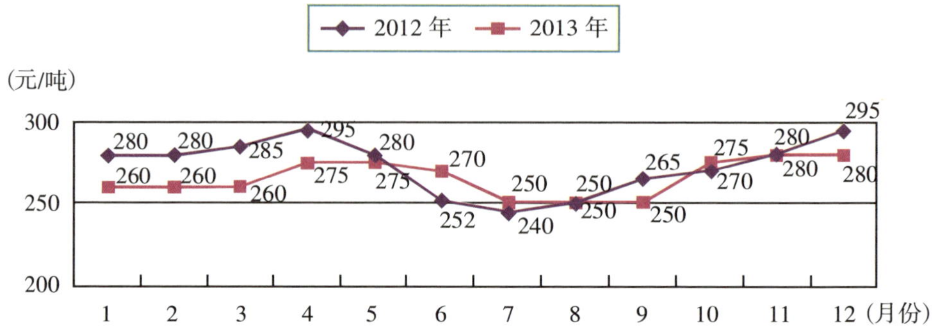

图 2-33　2013 年与 2012 年山东省海盐价格走势对比

湖北省作为井矿盐的主要产区，2013 年工业盐价格走势整体低迷，七八月份工业盐出厂价格一度降低至 230 元/吨（含税）。原因是：①下游两碱行业的低迷导致工业盐市场整体偏低。随着下游两碱市场的持续走弱，湖北制盐企业利润空间被明显挤压，大多数企业不得不调整生产组织，实行维修设备或停机待产等方式以销定产。②由于国内煤炭价格持续回落，致使井矿盐企业生产成本支撑力随之减弱，价格一路走低，行至年底几乎接近山东工业盐价格。如图 2-34 所示。

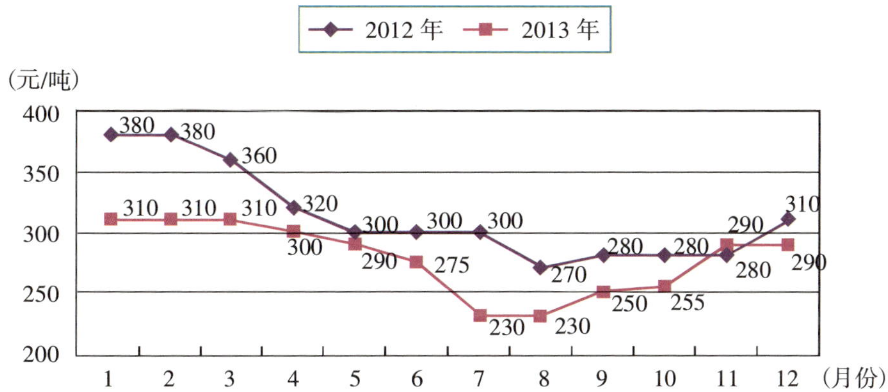

图 2-34　湖北省井矿盐价格趋势

2. 其他工业用盐市场

其他工业用盐，包括小工业用盐，主要用于锅炉软水、皮革、冶金、制药、印染、海水晶等领域，其市场供应具有客户分散、需求量小、市场不稳定、管理难度大的特点。

（1）销售量逐年下降。目前，我国每年小工业用盐量 300 万吨左右，其他用盐量 140 万吨左右。“十二五”前三年，我国小工业盐销售呈逐年下降走势，2013 年我国小工业盐销售量为 273 万吨，同比下降 12.5%，为近三年来最低；2013 年我国其他用盐销售量为 148 万吨，与 2012 年的 141 万吨基本持平。

（2）市场价格平稳。根据国家计划委员会办公厅《关于工业盐价格管理有关问题的通知》（计办价格［2000］929 号）精神，两碱以外的其他工业用盐实行政府指导价格，由省级价格主管部门制定中准供应价格和浮动幅度。近几年，各省盐业部门按照“保本微利、用户至上”的原则，保障了市场供应，对打击私盐、维护食盐安全起到了积极的作用。

（五）进出口市场基本情况

盐产品的进出口数量主要取决于盐的品种及价格。随着近年来国内对盐产品的需求不断攀升，工业用盐的价格较长时间趋于稳定，盐产品出口数量有所减少，一直在几十万吨上下徘徊，盐产品的进口量则有较快增长。

1. 进出口总量快速上升

2009~2013 年，原盐进口保持了较高的增长势头，年均增长率为 51.49%。2013 年我国原盐进口量为 769 万吨，同比增长 43.47%，创历史新高。我国原盐出口自 2009 年以来总体保持了上升势头，年均增长率为 5.48%，如图 2–35 所示。2013 年原盐进口量迅猛增长主要受三方面因素的影响：①我国烧碱、纯碱行业规模稳步增加，促使原盐需求量也随之上升；②我国沿海地区，特别是北方海盐区，由于气候因素影响，1~5 月春季盐还未上市，原盐供不应求，两碱生产企业不得不靠进口盐补充，并加大了进口盐采购力度；③国外制盐企业利用价格优势抢占国内市场。

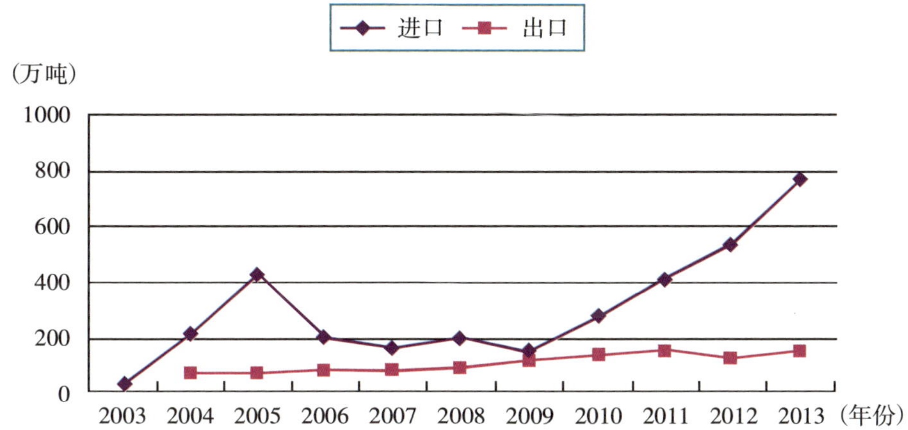

图 2–35　2003~2013 年全国原盐进出口走势

2. 贸易国别基本稳定，印度、智利后来居上，成为新的贸易伙伴

2013 年，中国进口原盐主要来自澳大利亚、印度、墨西哥和智利等国家。澳大利亚是我国最大原盐进口国。2009~2013 年我国从澳大利亚进口原盐总量分别为 92.62 万吨、159.52 万吨、227.31 万吨、289.35 万吨、368.42 万吨。进口量直线上升，但增长幅度不大。近年来，由于印度提高了原盐质量，2013 年进口量激增到 250.45 万吨，创下近五年来的最高值，成为我国第二大原盐进口国。如表 2–17 所示。2004 年、2013 年原盐进口结构如图 2–36、图 2–37 所示。

表 2–17　原盐进口国进口量

单位：万吨

年份 国家	2009	2010	2011	2012	2013
澳大利亚	92.62	159.52	227.31	289.35	368.42
墨西哥	48.73	64.74	87.93	96.12	84.37
印度	3.63	5.21	90.15	76.13	250.45
智利	0.06	0.42	0.11	59.97	42.39
总进口量	145.62	276.48	413.87	536.24	768.68

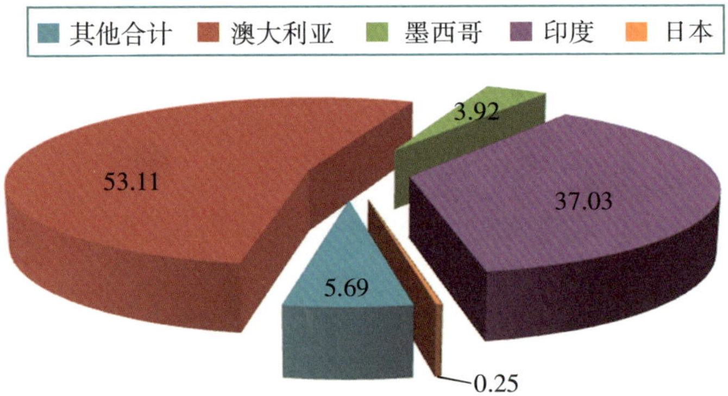

图 2–36　2004 年原盐进口结构图（%）

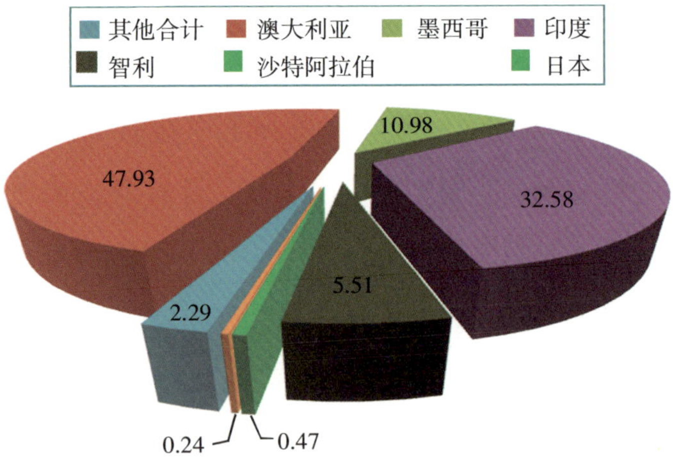

图 2–37　2013 年原盐进口结构图（%）

3. 进口价格有所下降

近年来，我国进口工业盐增幅较大，主要集中在澳大利亚、墨西哥、印度等国家，由于这些国家工业盐的生产成本低、海运费用较低，具有质量、价格优势，已和我国部分盐化工企业形成了较为牢固的产销关系，在具有价格竞争优势的条件下，还有一定的增长空间。2013 年，我国进口原盐的平均价格较 2012 年有所降低。2013 年自澳大利亚进口原盐的价格为 48.97 美元/吨，较 2012 年 49.82 美元/吨的进口价格下降 0.85 美元/吨；自墨西哥进口原盐的价格为 50.35 美元/吨，较 2012 年 50.75 美元/吨的进口价格下降 0.4 美元/吨；自印度进口原盐的价格为 39.57 美元/吨，较 2012 年 43.12 美元/吨的进口价格下降 3.55 美元/吨。如表 2–18 所示。

表 2–18　中国原盐进口价格

进口国	2013 年		2012 年	
	数量（万吨）	价格（美元/吨）	数量（万吨）	价格（美元/吨）
澳大利亚	368.42	48.97	289.35	49.82
墨西哥	84.37	50.35	96.12	50.75
印　度	250.45	39.57	76.13	43.12
智　利	42.39	40.61	59.97	40.01
总进口量	768.68	45.97	536.24	48.11

4. 出口量相对稳定

我国盐业出口量较小，且灵活性较强，主要根据国内盐业市场情况来确定出口量。2005 年，我国盐的出口量为 73.26 万吨，2006 年为 83.33 万吨。2007 年，鉴于国内市场对盐业市场需求的增加，盐的出口量减少至 37.04 万吨，随后 4 年出口量呈逐步增加趋势。2012 年我国盐的出口量降至 26.04 万吨，这与 2011 年 3 月日本发生地震、海啸并引发核泄漏引起我国部分民众心理恐慌，引发数十省区的食盐抢购风潮有关，因此，当年盐的出口量较小。2013 年又恢复正常，增至 50.05 万吨，这表明我国盐出口方式较灵活。如表 2–19 所示。2004 年、2013 年我国原盐出口结构如图 2–38、图 2–39 所示。

表 2–19　2005~2013 年盐的出口量

单位：万吨

年份	出口量
2005	73.26
2006	83.33
2007	37.04
2008	41.51
2009	42.49
2010	53.46
2011	50.43
2012	26.04
2013	50.05

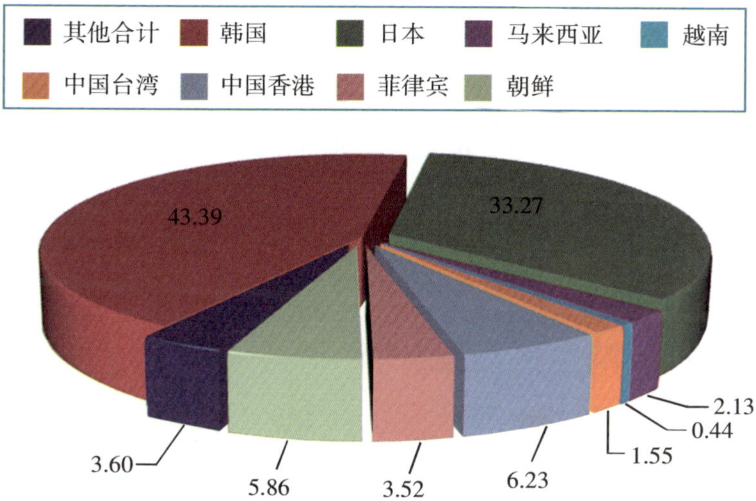

图 2-38 2004 年原盐出口示意图（%）

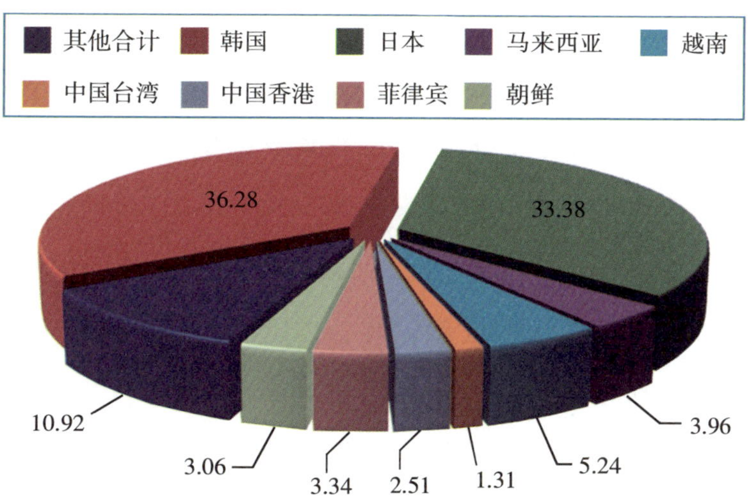

图 2-39 2013 年原盐出口示意图（%）

四、盐业发展影响因素分析

（一）影响生产因素分析

我国对盐的分类主要依据其来源，一般情况下将盐类划分为海盐、井矿盐、湖盐三种，其生产费用、销售市场及运输费用差异很大。

1. 生产工艺

盐业是资源性产业，资源状况是决定产业兴衰的主要因素。盐业生产因品种差异，其生产工艺、技术装备具有较大的差别。海盐生产系露天生产，完全靠自然蒸发逐步浓缩海水制取，但由于日晒产盐要占有大面积滩头土地，其生产高度依赖盐田面积的扩大和适应蒸发的气候条件。且其产值又比其他产品要低很多。因此，海盐生产在初期发展较快，但随着经济发展受其天然生产工艺约束逐渐萎缩。湖盐生产需要对原生盐采用爆破后进行机械采收、洗涤、筛分、粉碎加工，机械化水平要求较高。井矿盐主要通过真空制盐等方式进行生产，生产工艺的差别使得盐业产量具有较大的差异。海盐生产最为方便，井矿盐及湖盐对技术装备的要求较高。

2. 生产成本

盐是低价值、大吨位、远距离运输产品。原盐作为基础原料，价格很低；食盐由国家定价，也不能随意调价。原盐又属笨重物资、大宗物资，产区一般远离销区，需要长途运输，运费构成主要成本，并决定价格。食盐作为生活必需品，食盐价格已有10多年未调，在同类消费品中价格最低；工业盐的价格近几年仍在低位徘徊，多数企业已亏本生产。2013年，由于煤价下跌使得工业盐生产释放出一定成本空间，但部分原材料价格回升，人力、安全环保成本明显增加，工业盐生产已经无利可图，降本增效面临更大难度，直接影响到产品的生产。

3. 运输成本

盐业生产由于产地不同，运输成本差别较大。我国沿海各省及台湾地区、海南省均产海盐，海盐生产后可直接销售，运输成本较低，销售量较大。湖盐多分布于青海省、内蒙古自治区、新疆维吾尔自治区、西藏自治区、甘肃省、宁夏回族自治区、陕西省等西北偏远地区，这些区域人口密度相对较低，需求不足，而且运往东部发达地区运距远，运力不足，单边运输不经济，费用较高。井矿盐资源多分布于我国的中东部地区，四川、云南、湖北、湖南、江西等省具有丰富的岩盐资源。近年来，又相继在河南省、安徽省、江苏省、陕西省新建了一批井矿盐项目。盐矿资源分布合理，市场需求旺盛。

4. 技术水平

盐资源分布不均，其制取与能源依赖度高，所以远离盐资源、能源缺乏地区的盐业生产难于形成规模。海盐生产普遍采用塑料薄膜苫盖结晶技术，使之成为稳产高产的有效措施。大多数企业已经实现机械化生产，海盐生产的机械化程度与劳动生产率明显提高，劳动用工人数逐年减少，重体力劳动的现象得到逐步解决。湖盐随着生产机械化水平的不断提高，从长远角度看湖盐资源开发利用具有良好前景。井矿盐真空制盐工艺日益成熟先进，效率很高，其开发利用前景广阔。真空制盐需要耗用大量蒸汽和电，一般要配备热电厂，而我国中东部地区缺乏煤炭，电价也较高，加之水溶开采方法在岩盐埋藏浅的地区容易造成地表塌陷，这都加大了成本，对真空制盐大规模发展形成制约。由此可知，在解决交通运输制约“瓶颈”条件下，湖盐发展前景具有明显优势。

5. 环境保护

随着国家对环保工作的重视程度越来越大，环保要求越来越高，井矿盐生产企业为满足环保政策法规的要求，需要增加的投入也逐步增加，井矿盐生产企业的主要污染物为废气、废水、废渣、噪声，特别是含盐废水、废渣的处置是盐业生产企业和两碱生产企业需要重点解决的环保问题。井矿盐企业为了降低生产成本，现有或新建项目大都有配套的热电系统。大气污染物排放更是大众关注的焦点。2011 年，国家出台了《火电厂大气污染物排放标准》(GB13223-2011)，从 2012 年 1 月 1 日起实行。该标准调整了大气污染物排放浓度限值，规定了现有火电锅炉达到更加严格的排放限制的时限，取消了全厂二氧化硫最高允许排放速率的规定，增设了燃气锅炉大气污染物排放浓度限值，增设了大气污染物特别排放限值。根据该《标准》，自 2014 年 7 月 1 日起，现有燃煤锅炉（指 2012 年 1 月 1 日前投产或环保影响评价文件已通过审批的）执行限值为：烟尘限值为 30mg/m^3，二氧化硫限值为 200mg/m^3（广西、重庆、四川、贵州限值为 400mg/m^3），氮氧化物（以 NO_2 计）限值为 100 mg/m^3，烟气黑度限值为林格曼黑度 1 级。而 2012 年 1 月 1 日以后新建的燃煤锅炉二氧化硫限值为 100mg/m^3（广西、重庆、四川、贵州限值为 200mg/m^3）。2015 年 1 月 1 日起，燃煤锅炉汞及其化合物实行限值 0.03mg/m^3。国家对重点地区实行更严格的大气排放规定，根据《标准》规定，火力发电锅炉执行大气污染物特别排放限值，如燃煤锅炉，特别排放限值为：烟尘限值为 20mg/m^3，二氧化硫限值为 50mg/m^3，氮氧化物（以 NO_2 计）限值为 100mg/m^3，汞及其化合物值为 0.03mg/m^3。

一些地方为了环保，甚至制定政策不允许建设燃煤锅炉，因此，在这些地区新建制盐企业将受到限制。

受区域经济发展的挤压，海盐生产面积逐年减少，成为海盐潜在的发展危机，但海盐生产有利于保护湿地、保护环境、调节气候、改善生态，在发达国家得到政策法规保护。我国在 1990

年 3 月颁布的《中华人民共和国盐业管理条例》中就明确："划定合理的海盐场保护区和湖盐场（厂）保护区。海盐场防护堤临海面的一定区域和纳潮排淡沟道两侧的一定区域划为海盐场保护区。"但近年来海盐场被大量征占的现象日趋严重，已经引起我国政府和地方政府的高度重视，2013 年 6 月，福建省就进一步加强盐田保护促进盐业健康发展出台了《福建省人民政府关于进一步加强盐田保护促进盐业健康发展六条措施的通知》，要求"要进一步强化保护意识，实行最严格的盐田保护制度，设置盐田保护区，严禁侵占盐田和破坏盐场生产设施，保护盐田周边生态环境，加大盐业执法力度，严格盐田废转征用审批制度，切实保护盐田资源"，并要求"加大盐田改造与盐业结构调整力度，推广制盐和资源综合利用新技术"，对稳定与保护传统海盐产业起到了积极的作用。然而在北方海盐产区盐田占用仍很严重，已影响到企业的生存，因此必须加大海盐资源、生态环境的保护。

6. 管理体制

改革开放以来，我国盐业生产管理主要仍以计划经济体制下传统商业流通模式的加强和完善为主。但随着我国社会主义市场经济的进一步深入，一些现代商业经营管理的理念、方式、方法在盐业经营管理中得到嫁接和模仿，在一些地区、省份已经有了明显的成效。

（二）影响销售因素分析

1. 生产产量

工业盐的生产产量是决定其销售状况的重要因素。如工业盐生产过剩，销售市场价格就下降；反之，销售价格相对提高。2013 年，我国海盐产量下降，海盐市场相对平稳，销售量达到 4,176.10 万吨，与 2012 年基本持平，销售较为平稳。湖盐 2012 年的生产产量 943.05 万吨，2013 年的生产产量为 1,143.99 万吨。与 2003 相比，10 年之间增长了 3.23 倍。在生产规模、产品产量的进一步扩大的前提下，强劲发展势头，但经济效益仍有所下降。井矿盐生产产量较大，2013 年我国井矿盐达到 4,596.33 万吨，占全国原盐产量 8,421.45 万吨的 54.58%。下游两碱生产企业需求增幅趋缓，产品出厂价格下降，库存增加，总体经济效益下滑。

2. 产品质量、品种

盐业产品的销售量及销售价格受产品质量及产品精加工程度影响。各种调味盐、绿色盐、保健盐、原生态盐等品种品质好、纯度高，安全、健康，越来越受到人们青睐，产品价格相应较高，销量较好。因此要加强开发下游产品、延长产品的产业链，提高产品的技术含量，增加高附加值产品，尤其是致力于生产无污染高质量的盐产品，着眼于绿色盐、保健盐、畜牧、渔业等用盐、多味盐品种的产品开发，满足多层次的市场需求。

3. 进出口状况

盐业的进出口状况直接影响到我国盐业的销售。2013 年，我国原盐进口量为 769 万吨，同比增长 43.47%，创历史新高。我国原盐出口量为 151 万吨，同比增长 16.15%。我国盐业的进口量远大于出口数量，进口盐产品直接加剧了国内盐业市场的竞争。特别是在进口原盐产品价格低于国内盐业生产价格的情况下，我国盐业销售状况会受到较大影响。

4. 两碱生产

两碱工业盐在盐的销售总量中占有较大比例，两碱工业生产状况直接影响到盐产品销售。近几年，两碱装置开工率维持在 70%左右，两碱工业盐价量齐跌，在一定程度上制约了盐产品的销售。

第三章 盐业商业模式的发展趋势及未来展望

一、管理体制的演变与发展

我国盐业现行的管理体制实行双轨制运行，既受国家调控，也有市场调节。食盐属于国家专营管理与调控，工业用盐受到市场调节。这一管理体制是承载了历史的演变。

（一）管理体制沿革

我国盐业管理体制主要经历了以下几个阶段：

1. 古代盐的经营管理体制

古代盐基本用作食盐，食盐的经营管理模式可划分为三个阶段。

第一阶段，自 6000 余年以前至公元前 120 年，即从新石器时代中后期至汉武帝元狩四年以前，是自由贸易与局部专卖的时期。

商周之际，或更早的时期，在今山东地区，人工煮海为盐已经出现。在春秋战国时期，盐资源有新的开发，食盐的生产、运销比较活跃。春秋齐国名相管仲提出“海王之国，谨正盐荚”，“通东莱之盐，而官出之”。这一时期的食盐运销是以自由贸易为主，仅齐国管仲推行食盐专管专卖。

第二阶段，自公元前 119 年至公元 761 年，即从汉武帝元狩四年盐铁专卖，至唐肃宗上元二年第五琦盐法期间，是为官府基本垄断时期。具体办法是：官府募民制盐、官收、官运、官销。

唐朝中晚期随着第五琦创建榷盐法以及刘晏推行就场专卖制，食盐的生产被置于官府的管理下，其运销和流通也在政府的直接干预下，食盐运销以商运商销为主，食盐的价格围绕唐政府所定榷价而变化。

在这一时期，常平盐制度、划界销盐制度、漕运制度等相继出现，食盐流通的模式也基本形成。

第三阶段，自公元 762 年至 1910 年，即唐朝宗宝应元年刘晏主持盐铁，至清朝末年，是为官府控驭监督下的商人分销或包销时期，或称间接专卖期。这一阶段又可细分为前后两个时期。其前期，自公元 762 年至 1616 年，即自唐朝宗宝应元年至明神宗万历四十四年，是为官府控驭下的商民分销时期。自公元 1617

年至1910年，即从万历四十五年袁士振推行纲法到清末，是为官府监督下的商人包销时期。

2. 近代盐的经营管理模式：20世纪初年至1949年10月

在长途贸易的工农业产品中，食盐价值不仅高于丝茶和煤铁，也高于粮食和棉布而始终居于首位；在国家的税赋中，盐税的地位仅次于土地税。盐商成为国内最大商业资本的持有者。经过长期反复的调整，逐步形成一套以产销布局为基础，与我国传统政治和财产权力结构相一致的，官商结合以控制和垄断为中心环节的管理体制。

北洋政府时期，随着清王朝被推翻，垄断运销的引岸制度瓦解，袁世凯上台后，以盐税作为担保向外国银行借款，外籍人员控制中国盐务，推行就场征税制度，开放自由贸易，但由于传统盐商的反对和抵制，在全国只有50%的县实行自由商制，其他的县域仍实行票商制、专商制、包商制、官运民销制、官专卖制等。南京国民政府时期，仍然是自由贸易制和引岸制及其他旧制度并存。

精盐的生产始于民国初年，到20世纪20~30年代，生产技术得到推广，产量颇为可观，销区逐步推广，其运销方式采取自由贸易的方式，1931年2月，国民政府制定了精盐通则，对精盐的销售数量加以限制，但精盐业发展势不可当，新旧盐商之间的竞争日益激烈。

（二）现行管理体制

现行管理体制始于 1949 年 10 月 1 日新中国的成立，其间分为改革开放前（1949~1979 年 ）和改革开放后（1979 年至今）。

1. 改革开放前的经营管理模式

改革开放前的经营管理，总体是在社会主义计划经济体制下，由各级政府统一管理，国企批发销售（俗称三级批发），集体商业或个体商业零售经营。

2. 改革开放后的经营管理模式

十一届三中全会后，食盐的经营管理经历了一个变革的过程，国务院分别于 1990 年和 1995 年先后颁布实施了《盐业管理条例》、《食盐专营办法》，强化了国家对食盐的垄断经营。2001 年，我国加入世界贸易组织时实行食盐保护政策。2013 年，上海自由贸易区的负面清单将盐的批发列为禁止投资项目。这些都体现了对食盐经营管理传统商业流通模式的加强和完善。

1995 年，国家计委和国家经贸委改进工业盐供销和价格管理办法，工业盐尤其是两碱工业盐逐步放开和市场化，对盐业管理体制造成一定冲击，盐业企业逐步接受了市场经济经营理念。

市场经济的大潮冲击着传统的盐业管理体制，中国盐业总公司，江苏、重庆、安徽等省市盐业公司尝试食盐流通现代化的建设，现代物流、连锁经营、电子商务、大批发流通等一些现代商业模式开始进入食盐专营管理体制。

二、管理体制的现状

（一）2013 年盐业管理政策发生较大的调整

2013 年，国家发展和改革委员会与工业和信息化部在推进盐业体制改革方面出台了新举措。根据国务院“深入推进政府职能转变，继续减少核准和行政审批事项”要求，国家发展和改革委员会将“制盐项目核准”权，工信部将“定点生产许可”、“食盐准运证发放”权下放到省级政府；食盐计划管理和价格管理目前还保留在国家发展和改革委员会，但未召开年度“食盐计划衔接会”，食盐计划按照以往年度计划执行。

从 2013 年的运行情况看，改革管理措施加大了地方政府盐业管理权限，对盐业平稳运行未造成负面影响。盐行业整体态度明确，沉着稳定，扎实工作，积极应对，推进盐业改革的决心不变，维护食盐市场秩序的力度不减，狠抓内部管理和经济效益的举措更加有力，促进企业转型升级的步子更快更稳，为下一步深化盐业体制改革打下了较好基础。

（二）食盐专营企业的商业模式现状

2013 年是中国经济、社会酝酿重大变革的一年，以市场化为导向的经济体制改革再度启动。盐行业继续执行国家食盐专营政策，发展基本稳定，但挑战十分紧迫，谋求食盐经营模式转型的改革探索都在试水而行。

1. 以传统批发经营为主的商业模式仍占主导地位

在经营方式上，以省、市、县三级公司管理，省、市、县公司三级批发，经销商转代批发模式仍占主导地位。全国 31 个（除台湾、香港、澳门地区）省（市、自治区）中，约有 2/3 以上省级公司统一采购结算，市（县）公司批发销售，广大农村仍以个体工商大户转批代销。食盐的零售已与市场充分接轨，在城市主要以商业超市为零售主渠道，在乡村以个体零售商店为主渠道。在企业的产权关系上，绝大部分省（市）级批发企业都建立了现代企业制度，形成了以资产为纽带，食盐专营为核心任务，在保障食盐安全供应、消除碘缺乏病的基础上，实现企业经营目标。2013 年，全国批发销售食盐 937 万吨，其中批发销售小包装食盐 417 万吨。各项经济指标的完成取得了令人满意的成绩。

2. 以连锁经营为主的商业模式在探索之中

随着盐业体制改革逐渐迫近，重庆、江苏、广东、浙江、黑龙江、贵州等省（市）盐业公司，尝试运用连锁经营的商业模式来改造传统的食盐经营模式。

渝盐连锁经营情况。重庆盐业公司自 2006 年下半年率先推行“连锁网络+卓越服务”的连锁经营商业模式再造，通过建立渝盐连锁店，实行一级批发、直达零售，牢牢掌握销售终端。在业态定位上，主要是立足批发、完善和发挥批发连锁优势，采用直配到点的方式，进行非盐产品的批发销售。在资源整合上，充分利用食盐批发形成的渠道网络优势，进行非盐产品的批发分销和配送。在经营管理上，充分利用资金和规模优势，统一经营以盐产品（食盐）、洗涤用品（洗衣粉）、调味品（味精）、糖食品（白糖）、酒水（白酒）、化肥饲料（尿素）“六白”为主的 2000 多个品种，全面落实统一采购配送，统一结算价格、统一资金管理。在资本运作上，通过兼并重组、出资收购控参股上下游企业，先后合资建设了合川盐化 60 万吨真空制盐，出资控股涪陵辣妹子集团公司，全力打造万州调味品基地，全力创塑“渝盐配送”、“天厨”等企业产品品牌。2013 年实现营业收入 38.4 亿元，同比上升 15.7%，资产总额达 42.99 亿元，同比增加 11.5%；非盐产品收入约 14 亿元，非盐产品毛利率达 10.47%。

苏盐连锁经营情况。苏盐连锁公司于 2008 年组建，围绕“经营连锁化、配送集约化、管理信息化、组织机构扁平化、品牌价值最大化”的经营理念，构建以营销网络、现代物流、信息管理、品牌文化为主要支撑的现代商贸流通平台的“四大体系”。现有 11 家区域公司、53 家县级分公司，到 2013 年底，建成连锁经营门店 400 家，营销网络遍布全省 13 个市 105 个县

（市、区）975 个乡镇。2013 年实现营业收入 38.18 亿元，盐产品销售收入 17.08 亿元，非盐产品销售收入 21.1 亿元。苏盐连锁商业模式特点是：从以二级批发分销为主的渠道模式向以终端为主的渠道模式转变。渠道连锁店的经营模式主要体现在三个方面：①开展分销服务，将食盐及非盐产品在本区域内实现销售；②作为零售终端，按照“批零结合”的业态定位，宜批发的开展批发业务，宜零售的开展零售业务；③依托门店开展服务型增值业务，增强门店的影响力和盈利能力。

广盐连锁建设情况。地处改革开放前沿的广东省盐业公司，早在 2005 年 8 月就尝试实行食盐连锁经营，统一价格管理和配送，对各盐业批发部和零售店实行挂牌经营，实行客户分类管理，提升了对食盐零售终端的服务水平和掌控能力。2013 年，全面启动广盐连锁缘味馆的建设，以环保、绿色、天然、营养、健康、更优质、更安全的服务理念，推动专营企业贴近消费者，面向大市场。在食盐产品上推出绿色精制食盐、海水自然晶盐、低钠盐、澳洲湖盐等中高端产品，满足不同消费者的需求，在非盐产品上全面代理新西兰进口有机奶粉，与知名酒厂合作推出符合消费需求的优质酒类产品，丰富连锁经营渠道。在未来 2~3 年，广盐连锁将进入全面快速发展通道，准备通过直营与加盟相结合的方式，逐步在全省建成 400 多个连锁门店。

浙盐连锁经营情况。浙盐连锁起步较晚，但发展思路清晰，工作成效显著。浙江省盐业公司在“十二五”发展规划中提出，加快中游商贸流通网络建设，创新“区域配送中心+特许加盟店”的特色连锁经营模式，统一规划全省流通网络，合理布局物流配送节点，加快乡镇连锁经营建设，形成点、线、面相结合覆盖全省的流通网络，以特色连锁经营推进现代盐业流通方式转变。在实践中，浙江省盐业公司坚持上控资源、下建渠道、多元经营、外部结盟的策略，注重强化供应链建设，扎实推进浙盐连锁经营网络和浙盐物流配送体系建设。①上控资源。先后参股了中盐新干盐化、江苏井神盐化、中盐镇江盐化等公司，直接或间接控制了部分外省盐资源。②下建渠道。为切实增强对食盐批发零售网点的实际控制力，于 2012 年成立了浙盐连锁公司，并全面启动连锁经营，在打造自有渠道方面做出了有益的尝试。其渠道建设主要通过自营、并购和加盟等方式，打造自有、可控的点线面相结合的立体产品销售网络；细分客户、加大与重点用盐企业的合作力度，采取控股、参股方式，加大对下游重点用盐企业的控制；逐步打破行政区划限制，按经济流向组建跨区域的盐业公司，根据业务布局建设集中分装配送中心，将各县级公司职能转换为配送站点。

3. 产业多元化，科技创新引领等商业模式应运而生

（1）安徽省盐业多元化发展模式。安徽盐业在依托市级盐业公司发展“徽盐连锁”巩固食盐经营业务的同时，加快结构调整步伐，全力推进企业向产业多元化转变，打造出了房地产开发、钢材贸易、小额贷款等新的经济增长极。2013 年，安徽省盐业公司实现营业收入 61.2 亿元，同比增长 28.3%；实现利润 3.03 亿元，同比增长 25.9%；年末资产总额 60.6 亿元，同比增长 44.9%；其中非盐产业销售收入和利润总额超过了主业，转型成效十分明显。尤其是从事钢材贸易的顺朝物资公司，2013 年在钢贸行业普遍亏损的情况下，仍实现营业收入 32.1 亿元、利润 1,858 万元，同比增长 15.8%，确立了省内钢贸市场的标杆地位。安徽省作为农业大省，城镇化建设空间较大，安徽省国有资产监督管理委员会明确将房地产业务作为盐业企业的主业，并着力扶持发展小额贷款公司。其房地产公司着力强化融资能力建设，全面提升项目管理和运作水平，全年实现营业收入 2.2 亿元，实现利润 7,180 万元；小额贷款公司在强化风险防控的基础上，对外积极拓展市场，扩大优质客户资源，全年实现营业收入 8,723 万元，实现利润 5,481 万元。此外，汽贸公司、酒店管理公司、长江盐化公司、商贸公司、物业公司等也在主动应对形势变化，积极推进转型发展，努力提升市场化经营能力。安徽省盐业公司善于抢抓机遇、借力发展，成为全国盐行业转型发展的亮点。

（2）天津长芦盐业公司打造资本投资、科技创新型商业发展模式。由于天津长芦盐业公司两大盐场相继划转，盐业已不再占据主导地位，其转型发展主要建立在房地产、化工、贸易、资本运营等非盐业务上。①坚持向结构调整、业务增量、资本运营要效益。在楼市触底及通胀压力预期加大的情况下，天津长芦盐业公司及时购置一批优质写字楼资产，投资公司通过项目投资和资金运营相结合，实现年利润 3000 万元左右。②联手央企和金融机构，进军“高端”、“高质”、“高新”领域。近年来规划建设长芦化工新材料园区，简称长路化工新材料工程技术中心，并与世界一流化工专家团队签署了“国际技术合作协议”；与中国盐业总公司共建“六位一体”集约化食盐基地投入使用；与加拿大合资建设高端发动机冷却液项目；与央企合作成立高端无机氟化工公司；与天津国际投资公司联合投资米黄玉项目。③由食盐专营主体向市场经营主体转变、由传统产业向战略性新兴产业转变、由要素推动向创新驱动转变。筹建了规划面积 3 平方公里的南港化工新材料园区，正在积极进军氟化工，以高水平研发带动氟化工产业向高端化、差异化、精细化方向发展。

（3）上海市盐业公司依托区域优势、资本优势打造现代批发销售网络，面向国际国内两个市场发展现代物流的商业经营模式。2013 年，上海市盐业公司实现营业收入 7.74 亿元，实现商品销售总量 38.30 万吨，实现利润 1.29 亿元。①实施营销策略调整，以终端为导向的市场销售稳中提质。调整营销策略，优化销售渠道，食盐分销商由原来的 130 家增加至 717 家。增强市场响应能力和客户服务能力，大力实施集中订单、集中开票、统一结算流程、就近配送业务，提高市场服务水平；特别是对商超客户，推行库存“零距离”维护，提高客户满意度。同时，主动抓住零售业态模式的变化，积极与“1 号店”、“我买网”、“为为网”、“飞牛网”、“百联股份网上商城”等网络电商合作，推广中高端食盐产品。②实施组织机构调整，以效率为导向的经营机制改革稳中有序。按照精简集约、效率优先的原则，在全公司推行组织机构扁平化改革，变两级经营、两级管理与核算为一级经营、一级核算、对口管理，变“条块分割”为“以条为主，专业化经营”，建立管控业务下沉、市场响应迅速的运营新模式。③实施品种结构调整，以效益为导向的产品升级换代。持续推进食盐品种结构调整，集中精力做好商超新品的上市销售，海藻精制加碘盐、贡精盐和钠钾调和盐等 27 款新品进入商场、超市、电商销售，区（县）市场深井碘盐平稳替代绿色特制食盐，新老产品调整稳定有序；全面规范进口食盐小包装销售秩序，主动加强与美国、韩国、日本等国外知名食盐企业的业务合作，8 款莫顿和 5 款韩国进口盐上市，经营附加值不断提高，目前上海市盐业公司上市的食盐小包装已达到 92 种。

（4）新疆盐业产销有效整合，控制食盐资源，依托扶贫碘盐政策，针对新疆地域特点打造区域食盐市场寡头垄断的商业经营模式。新疆全区面积 166 万平方公里，占全国总面积的 1/6，地域广、面积大、人口少，交通不便，碘缺乏病重点地区往往处于偏远山区或农村牧区，有些县（乡、镇）相距 1,000 公里以上、乡（镇）和村相距达 800 公里以上；同时，盐是新疆优势资源的重要部分，原盐储量为 280 亿吨。近年来，新疆盐业结合地区交通物流、盐资源分布和碘盐供应等多方面的情况，按照食盐流通现代化的要求，主动调整经营模式；2013 年新疆盐业公司资产总额 8.19 亿元；实现营业收入 5.55 亿元，其中主营业务收入 5.39 亿元；利润总额 1.51 亿元。①推进产销一体化。新疆盐业公司完成了全区食盐定点生产企业的整合工作，实现了对 7 家食盐定点生产企业的控股，完成了对 11 个地区级盐业批发企业的改制和整合，初步形成了新疆盐业产销一体的现代化流通体系；同时，完成了和丰宏达制盐、阿图什制盐、温宿制盐企业的技术改造项目，实现了食盐产品由粉碎盐、粉洗盐向真空精制盐的转型，全区精制盐在入口食盐中的比例已达到 72%。②推进食盐直达终端配送。通过细分市场，建立健全用户档案和销售台账，强化专营网络的服务延伸，降低中间流通环节费用，并通过规范辖区工业盐、大包盐、制皮盐价格带来新的利润增长点。③落实扶贫碘盐供应任务。2013 年，新疆扶贫碘盐补助资金 3538 万元。新疆盐业以此为抓手，统筹协调扶贫碘盐发放与绿色食盐上市、普通食盐供应等工作之间的关系，合理安排扶贫碘盐的生产、调拨、运送，大力宣传政府扶贫碘盐补贴政策，并严厉打击截流、倒卖扶贫碘盐和扶贫碘盐冲销食用盐、扶贫碘盐易物的现象。

这些商业模式的出现，是在以食盐专营批发为主的基础上的探索实践，食盐专营盈利能力是这些商业模式转型的基础，未来食盐经营将融合于这些商业模式之中。

三、盐业商业模式的发展趋势

十八届三中全会《关于全面深化改革若干重大问题的决定》提出：建设统一开放、竞争有序的市场体系，是使市场在资源配置中起决定性作用的基础。必须加快形成企业自主经营，公开竞争，消费者自由选择、自主消费，商品和要素自由流动、平等交换的现代市场体系，着力清除市场壁垒，提高资源配置效率和公平性。近期，国务院批转了国家发展和改革委员会《关于 2014 年深化经济体制改革重点任务的意见》，我国盐业面临着进一步深化改革的任务。

（一）国有盐业经营公司将继续履行确保食盐安全供应的社会责任

食盐流通市场化是进一步深化改革的发展方向，食盐作为广大消费者不可替代的生活必需品必须保证市场供应和质量安全。同时，考虑到我们持续消除碘缺乏的危害，必须坚持确保合格碘盐的市场供应。国有盐业经营公司应继续履行确保食盐市场供应的社会责任。

从 2014 年开始，国务院国有资产监督管理委员会将对所属国有企业实行分类管理。从盐业公司承担的社会责任和履行的公益性产品供应来看，盐业公司有理由按照粮食、棉花储备企业同样定位为公益性国有企业。理由如下：

1. 盐业公司承担为人民群众供应合格碘盐、消除碘缺乏病、提高健康水平的重大社会责任

当前正处在消除碘缺乏病的关键时期，尤其边疆和少数民族地区实现消除碘缺乏病目标尚要付出巨大努力，如果完全放开食盐专营管理，则对市场监督提出了更高的要求。否则，难以保证合格碘盐的覆盖，达到持续消除碘缺乏危害的目的，碘缺乏病有回升的可能性。

2. 食盐是人民生活必需品，直接关系到人民群众的生命安全和身体健康

针对一些不法商贩将无碘盐、劣质盐、工业盐特别是工业废渣盐充当食用盐销售到食盐市场，严重危害人民群众的身体健康的违法行为，盐业公司积极争取公安、质检、卫生、工商等部门的支持，依据有关法律法规加大了对涉盐违法行为的打击力度，遏制了假冒伪劣盐冲击食盐市场的势头，稳定了食盐市场秩序，确保了食盐消费安全。实践证明，有盐业公司这支队伍对执法部门的有力配合，为确保人民群众生命安全和身体健康起到了重要作用。

3. 食盐供应关系到民生安定和社会稳定，盐业公司在关键时刻发挥了稳定社会的公益性作用

例如，2008 年冬末春初，全国南方部分地区遭遇罕见的冰雪灾害，一度出现公路交通中断、食盐供应紧张、群众基本生活难以保障的灾难性状况，湖南、湖北、江西等省各级盐业公司，全面动员，日夜努力，抽调专项资金，大量调运各类盐，保证了融雪盐和食盐供应不断档，保障了交通畅通，维护了社会稳定。2011 年 3 月，因日本海啸和核泄漏引发的我国食盐抢购风潮，波及十多个省（市、自治区），造成我国部分民众心理恐慌。在党中央、国务院的坚强领导下，在有关政府部门的大力支持下，全国盐业批发企业认真履行社会责任，采取有效措施积极应对，制盐企业日夜开工生产食盐，运销企业 24 小时满负荷调运食盐，及时满足供应，在很短的时间内控制了事态发展，平息了抢购风潮。

4. 盐业公司努力提升管理水平，提高经营效益，为偏远山区和少数民族地区给予食盐政策性补贴，承担了扶持贫困地区经济发展的社会责任

多年来，中国盐业总公司组织发达地区盐业公司支援西藏自治区、新疆维吾尔自治区盐业事业发展付出了大量人力物力。为确保偏远山区与大中城市同质同价的加碘食盐供应，仅湖北省盐业公司每年需拿出 6000 万元资金的运费补贴。

（二）食盐定点生产许可继续成为食盐管理的重要手段

工业和信息化部 2014 年 1 月 10 日以消费（2014）14 号下发

了《关于做好下放食盐定点生产企业审批工作的通告》，明确规定："对目前已有食盐定点生产企业的省（区、市），应保持现有企业总数不增；对于目前没有食盐定点企业的省（区、市），在有盐资源且确有市场需求的情况下，每个省（区、市）可以新审批 1 户食盐定点生产企业。"在定点企业换证方面要求："现有食盐生产定点企业的许可证有效期为 2013 年初到 2015 年底。有效期内，许可证应继续有效。许可证有效期结束时，各地应规范有序更换许可证。"对许可证印制还要求："鉴于食盐定点生产许可证书审批事项是依据国务院颁布的法规执行，为保证全国食盐定点生产证书的一致性，今后证书仍由我部统一印制。"还要求："新审批的食盐定点生产企业要在审批完成后 15 日内报我部。"可以看出：①今后政府主管部门对食盐管理的主要手段是控制生产源头；②食盐定点生产许可证制度将长期实行，成为食盐生产销售的准入基础；③食盐定点生产企业数量将严格受限，不能盲目增加；④批准食盐定点生产企业的最终权限仍然控制在中央主管部门。

（三）食盐的市场化经营将要逐步适应适度有序竞争的市场经营环境

盐业体制改革将实行盐业管理政企分开，改变食盐计划管理办法，使食盐由关系国计民生的特殊商品变身为大众消费品。食盐作为一般商品，用于食品加工业是工业消费品，用于餐饮使用的是调味消费品，它会随着食品工业消费品和餐饮调味消费品的商流体系进入社会消费终端。食盐经营模式也将同其他快消品一样和各种现代消费经营模式相融合。

从零售环节看，在城市的大型连锁超市、便民超市门店仍然是食盐的重要销售载体；在农村，区域性的零售连锁店、零售商店仍然是食盐的重要销售窗口。从批发流通环节看，全国性、全省（市、自治区）性的连锁超市会向食盐生产厂家直接招标采购，或利用自身的品牌优势定点定制生产；社会上有实力并长期经营调味食品的批发商会加入到食盐供应商的竞争中来。在长期缺乏市场竞争的条件下，一些盐业公司存在管理人员较多、官本位思想较重、行政管理色彩较浓、市场竞争意识不强、经营管理效率不高等问题，如果不下决心深化内部改革、建立具有核心竞争力的商业模式，就难以在激烈的市场竞争中存活。作为人们不可替代、不可缺少的食品，如何构建确保食盐安全、保障消除碘缺乏病的经营模式，值得在改革中探讨。

（四）新的商业模式将替代传统的商业模式

为了应对改革的冲击和挑战，各地盐业企业近年来都在强化管理、制定对策、采取措施，对传统的商业模式进行了改造，探索建立适应市场竞争的、新的食盐经营商业模式。

1. 连锁经营会成为食盐经营的重要商业模式

连锁经营是常见的一种商业模式，是指在统一的经营理念下，经营同类商品、使用统一商号、提供统一服务模式的若干门店，在总部统一管理下运营，最终实现企业品牌价值，实现企业经营效益。这一商业模式已经遍布我国的城乡市场。食盐作为人们生活的必需品，会和大多数生活必需品一样载入（大部分城市、部分乡镇已载入）这一商业渠道。一部分转型在先的盐业企业有可能充分利用自身的优势，如成熟的食盐经销渠道、完备的仓储物流设施、雄厚的资金实力、健全的客户关系、天然的政府资源等，建立独具特色的连锁经营商业模式，在林立的连锁经营企业中占有一席之地。一部分食盐专营企业可以依赖多年专营食盐的资源、品牌优势能成为大型连锁经营企业和众多充满活力的零售商的食盐商品供货商。

2. 电子商务这一新型商业模式发展前景广阔

电子商务模式是在现代网络环境中基于一定技术基础的商务运作方式和盈利模式。电子商务模式随着其应用领域的不断扩大和信息服务方式的不断创新，电子商务的类型也层出不穷，主要可分为：企业与消费者之间的电子商务，即 B2C；企业与企业之间的电子商务，即 B2B；消费者与消费者之间的电子商务，即 C2C；线下商务与互联网之间的电子商务，即 O2O。电子商务将商业世界变小了，一个商家可以面对全球销售，而一个消费者可以在全球的任何商家购物，它减少了流通中间环节，节省了大量的开支，从而也大大降低了商品流通和交易成本。食盐作为人们日常消费的必需品之一，会自然地进入这一新型商业模式中。食盐生产企业也可以通过 B2C、B2B 等电子商务模式为消费者服务，食盐批发企业可以搭建自身的电子商务平台或与其他电子商务企业合作开展 B2B、B2C 等商业服务，如上海市盐业公司和“1 号店”、“我买网”、“为为网”等网络电商的合作。在网络世界人们不受时间、空间的限制，不受传统购物的诸多限制，可随时随地在网上交易，使企业通过跨越时间和空间，在特定的时间里能够接触更多的客户，可为企业提供更广阔的发展环境。

3. 协同竞争商业模式会成为食盐经营企业的优先选择

协同竞争是近几年非常流行的一个新名词，源自英文的协作与竞争两个词合并而成，是新形势下出现的新模式。随着资源配置市场化的不断扩大深入，一些企业单靠一己之力很难进入一个新的市场竞争领域，或是在原来占有的市场领域单靠企业自身也很难阻止新竞争对手的进入，企业间通过合作，避免或暂缓相互之间的竞争，实现共同利益，实现共同发展。企业间的协同经营，区域内的合作经营都属这一类模式。过去从事食盐经营的企业，是依照国家专营政策，在特定的行政区域内实行专营，随着未来食盐市场的放开，一些行业外部企业会进入食盐市场，原食盐经营企业之间也会进行跨行政区域的竞争。为了减少同业之间的竞争，共同抵御外部竞争，行业内协同经营，跨区域的合作经营，生产企业和批发企业、批发企业和批发企业之间可在产权关系、供应链打造、市场资源共享等诸多方面进行协同合作，甚至可以和行业外的企业进行股份制改造、经营管理合作等改革措施，打造新型的食盐经营企业。中国盐业总公司、湖南轻工盐业集团公司、大连市盐业公司等企业已经在进行积极的探索。

（五）传统的食盐经营商业模式在一些省（区）仍将处于主导地位

由于中国人口众多，幅员辽阔，区域经济发展极不平衡，民族文化丰富多彩，即使食盐市场放开，众多的小型批发商、零售商仍然是食盐经营的重要载体。在一些少数民族地区，传统的食盐经营企业经现代流通、现代商业技术、现代经营理念的改造，加之对区域盐业资源的垄断控制，盐业公司在这些区域市场还会处于区域主导地位。最有可能保留食盐专营经营模式的区域有：新疆维吾尔自治区、西藏自治区、青海省、甘肃省、宁夏回族自治区和内蒙古自治区。因为这些省（区）多数处于边疆、都处在少数民族聚集区，具有地广人稀、交通不便、经济社会相对落后的特点，而且都是碘缺乏病相对较为严重的地区，这些地区政府为解决民生基本问题，为实现消除碘缺乏病的目标，长期以来对食盐实行严格管控，并认为这样的管理模式符合本区域经济社会发展的实际。因此，这些省（区）有可能依据自身实际制定不同于其他地方的食盐管理办法，盐业公司在维护基本民生需求、保障碘盐有效供应方面将仍然负有重要责任。

（六）改革进程中可能遇到的问题

要看到盐业管理政企分开、食盐专营政策取消、计划和价格管制办法的改变，将使盐业公司传统经营方式发生颠覆性变化，食盐的生产经营将由市场化导向，盐业公司的盈利水平将大幅下降，全行业将以更大努力破解经营困局，探索新的发展途径，其前景充满挑战和不确定性；也要看到盐业体制改革对盐业实现市场化发展极大的促进作用，会形成“倒逼”效应，有力推动盐业体制机制转换，促使企业按照市场规则运行，强化内部管理，开拓新的经营门路，在增强核心竞争力上下功夫，通过转型升级实现企业创新发展。

盐业管理体制改革方案将涉及政企分开、改变食盐计划以及价格管理方式、调整食盐专营政策、修改盐业相关法规等重大问题。

1. 制盐项目取消核准制有可能刺激地方放宽、放松新项目审批，产能过剩、恶性竞争局面将成为更大隐忧

2013 年国家取消了制盐项目核准制，地方政府出于发展经济的目的，会更加支持新上制盐项目和加快原有制盐企业扩能，盐的产能增速有可能难以有效控制，从而加剧盲目发展。

2013 年投产的 500 万吨新建产能将在 2014 年释放。目前新一轮制盐项目上马已经完成扩初设计，预计 2014 年将开工建设，山东、河南、重庆、宁夏等地的新增制盐能力将达到 660 万吨，于 2015 年释放产能。两碱产业仍然维持低速运行，开工率不足，产量增长趋缓，需求不振，继续拖累盐业生产，使得制盐企业产能发挥受阻。由于这两方面因素将加剧盐业产能过剩的局面，已经建成和即将开工的制盐项目有可能形成新的资源浪费、资金浪费和增加环境负担。

2. 食盐管理仍然是国家市场监管的重点

取消食盐专营体制还有可能出现其他问题。如价格出现混乱、碘盐供应失控、食盐缺乏安全保障等。这些问题比食盐生产过量更难处理。

（1）加碘盐供应受到较大影响，碘盐覆盖率、碘盐合格率、合格碘盐食用率将有所下滑，碘缺乏地区尤其是少数民族重度缺碘地区碘缺乏病流行情况有可能加剧。

（2）食盐成为普通商品进入快消品市场，食盐价格在激烈竞争中出现大幅波动状态，远离产区的地方和偏远山区的盐价会随行就市达到高位，再无人为平价盐“埋单”，这些地区的消费者有可能因基本生活必需品大幅涨价而产生较大的抱怨情绪。

（3）各种盐涌入食盐市场，制假贩假者会将硝盐、土盐、劣质盐甚至有毒有害的工业盐假冒食盐流入市场，食盐安全问题或将凸显，必将加大工商、质检、卫生等有关部门的执法强度和难度，食盐市场混乱情况有可能在一些地区出现。

3. 国外资本有可能进入食盐行业

国外资本包括大型食品、盐化跨国公司早已关注我国盐业体制改革，对介入我国食盐生产经营具有浓厚兴趣。食盐专营放开后，它们将以优质品牌食盐大举进入我国食盐市场，并以强大资本为后盾，通过兼并重组控制盐资源和食盐生产企业，进而争夺我国食盐的品牌和主导权，资本实力相对脆弱、经营模式较为落后的我国盐业可能遭遇重大损失。

盐行业要清醒估计到改革后可能发生的各种问题，依靠各级政府制定应对策略，统一步调，多措并举，确保行业持续、稳定、健康发展。

第四章　盐业发展预测

一、生产发展预测

（一）海盐发展预测

1. 产能继续下滑

我国海盐生产工艺以日晒产盐为主，需要占有大面积滩涂。随着沿海战略发展速度加快，按照各开发区的发展规划，北方盐区制盐面积将继续减少，产能继续下降。河北省三大盐场黄骅、大清河、南堡盐场，天津盐区将按计划退地，产量均有所下滑。由于面积逐年减少，原盐产量逐年下降，形势逼迫制盐企业发展重点转移，个别企业已投资井矿盐项目，大部分企业谋划多种经营、多业并举的发展模式，利用部分盐田发展仓储物流、海水养殖等项目，也成为面积减少、产量下降的因素。山东省一些沿海县计划继续扩大海水制盐面积，但短时间产能不会大幅增加。而海盐产值又比其他产品要低很多，因此其产能不占任何优势。且海盐产量将与供滩卤量和浓度相关，也会受到天气影响。我国海盐产能将继续下滑，主要原因之一是大型海盐企业盐田面积继续减少。

2. 增产方式调整

近几年，传统海盐区已陆续开发井矿盐资源，江苏、山东井矿盐资源已大规模开采，历史上无井矿盐生产的河北省也探明储量较大的盐矿资源，以盐田现有结构为基础的矿卤日晒、浓盐水滩晒正在逐步实施。

矿卤日晒盐在江苏省已经成为成熟的规模化原盐生产方式，近年来产量不断提升，2013 年矿卤日晒盐产量达到 104 万吨。矿卤日晒盐的生产方式集合了地下矿卤资源以及海盐结晶区土地资源优势，改变传统海盐生产大量占用盐田面积和井矿盐生产高耗能的特点，形成了一种改变传统的原盐生产方式，提高了原盐劳动生产率和土地资源效益，成为增加原盐产量的新方式。

3. 竞争日益激烈

随着国外盐业的逐步渗透，进口盐对我国海盐生产的冲击将更加严重。同时，因井矿盐规模扩张，产能扩大，寻求新的市场，将进一步挤压抵抗力量相对较弱的海盐的市场。由于山东省的整体优势和企业盈利能力较强，具有成本比较优势，可能影响北方盐区的价格，形成下滑的趋势。

4. 保护力度加大

海盐生产能耗小、成本低、低碳环保，生产原料海水取之不尽、用之不竭，并对近海环境有湿地的保护作用。《盐行业“十二五”发展规划》在总量控制原则下，明确要把稳定海盐生产作为重点，加强宏观调控，严控新增产能。同时，既要兼顾沿海经济发展，合理利用土地面积，又要保护盐田土地资源。但由于井矿盐扩能势头仍在增长，海盐产量减少对全国盐总量并无影响，导致大量古老盐田被占用，使海盐文化难以传承。《中共中央关于全面深化改革若干重大问题的决定》中指出：“健全自然资源资产产权制度和用途管理制度，划定生态保护红线，实行资源有偿使用制度和生态补偿制度”。因此，既要保护海盐品种和现有海盐盐田生态系统，又要控制盲目扩张海盐与产能过剩。

（二）井矿盐发展预测

1. 产能将持续上升

2013 年建成投产真空制盐装置 6 套，新增设计生产能力 500 万吨，将在 2014 年释放。分别为：安徽华塑 60 万吨，中盐镇江 60 万吨，实联化工 120 万吨，重庆盐业云阳盐化 60 万吨，江西晶昊 100 万吨，江苏井神 100 万吨。

目前新一轮制盐项目上马已经完成扩初设计，预计 2014 年将开工建设，新增制盐能力将达到 660 万吨，于 2015 年释放产能。具体项目有：肥城东方公司真空制盐 100 万吨，中盐龙翔公司真空制盐 60 万吨，山东岱岳 100 万吨，重庆长寿液体盐 100 万吨，河南亿鑫真空制盐 100 万吨，河南叶县远海真空制盐 100 万吨，山西南风日晒盐 40 万吨，宁夏固原真空制盐 60 万吨。

由于新建项目生产装备水平大幅提高，井矿盐的生产产能将持续上升。

2. 液体盐生产将大幅增长

使用液体盐存在的“瓶颈”，一是卤水净化质量，二是长距离输送。目前，卤水净化技术已取得突破，已能通过卤水净化生产出符合两碱生产使用的盐水。长距离输送通过管道、船舶、罐车等措施也已达到要求。两碱企业用盐过去使用包装盐，后又改为散装盐，部分企业已使用液体盐。随着两碱企业降本增效的要求越来越迫切，未来将有更多企业使用液体盐。因此，两碱用盐结构将会发生变化，液体盐生产量占井矿盐产量的比例将会大幅增加。

3. 市场竞争更加激烈

近年来，中国井矿盐生产装备水平大幅提高，生产能力已远大于实际需求。此外，进口盐量将持续增加，进一步影响井矿盐发挥产能。2013 年进口原盐 762.81 万吨，占 2013 年井矿盐固体盐生产总量 3,861.42 万吨的 19.75%，2014 年进口量将大幅增长，势必对我国井矿盐生产企业产生影响。

4. 环保、清洁生产将对制盐企业提出更高要求

随着国家对环保要求的提高，井矿盐企业锅炉脱硫、脱硝也将逐步实施，投入将加大，生产成本将增加。一些地区为实现节能减排目标，可能限制或禁止配套锅炉及发电机组的安装。

5. 盐业改革对井矿盐企业影响巨大

2013 年，国家发展和改革委员会下放了盐业项目核准，由于井矿盐项目总投资额相对较小，受地方利益的驱动，未来新上制盐项目有可能增加。随着国家对食盐专营政策改革步伐的加快，井矿盐企业生产的食用盐，由于长期以来销售渠道单一，食盐专营政策放开后，井矿盐企业生产的食用盐价格短期内有可能会下降，销售渠道也将多元化，可能会影响企业效益。此外，盐业经营主体也将发生巨大变化，井矿盐企业资产规模相对较小，净资产更小，民营资本和国外资本有可能大幅进入，井矿盐企业的资产大重组即将到来。

（三）湖盐发展预测

1. 产量将不断上升

综观湖盐近十年的发展，虽然到 2013 年湖盐产量只占全国盐产量的 13.57%，但却以年均 17.35%的幅度增长，这不仅在盐业是罕见的，而且在整个盐业发展史上也是少有的。在今后发展中，湖盐将进一步发展，产能不断上升，占比不断加大，成为我国盐业生产的一支新生力量。

2. 开发力度加大

湖盐矿藏多数蕴藏在盆地当中，由于受周围地势的屏蔽作用，很少受到污染，纯度高、白度好，作为食用盐具有广阔的开发前景。与海盐生产相比，湖盐生产受天气变化影响的因素少，不会因气候变化出现年度产量的丰欠，它能够按照计划稳定生产；与井矿盐生产相比，能耗小、成本低。我国的湖盐主要分布于西北湖盐区，人口密度小、地域辽阔，适合发展大型化工产业，既可以实现化工企业原料的就地取材，同时也避免了原料盐的运输问题，因此我国盐业资本将进一步向湖盐生产倾斜。

3. 未来发展速度趋缓

湖盐的产地主要分布于青海、新疆、内蒙古等西北湖盐区，地处偏远的经济欠发达地区，运输基础设施薄弱，远离内地的工业聚集区域。铁路运力较弱、车皮流量不足、计划实现率低；公路运输成本较高，因而许多湖盐生产企业，只能根据市场需求量和运输量来确定年度产品产量。这在很大程度上制约了湖盐产业的发展，因运费成本的上升，湖盐发展速度趋缓。受 2013 年化工产品价格低迷的影响，2014 年湖盐生产区域内投资兴建的大型化工项目不多，缺乏新的需求增量，而该产品本身又受到运输“瓶颈”的制约，因此，2014 年湖盐的产销量将基本保持在 2013 年的水平上，或略有增加。

4. 产品的市场竞争更趋激烈

2014 年下半年随着宁夏固原地区 60 万吨井盐产能的释放，

原本就受到陕北地区井矿盐冲击的部分湖盐市场，其竞争程度将会日趋加剧。

随着食盐专营放开、核准制度的变更，部分量小质差的小盐湖也有投入开发的可能，有些地区甚至会出现无序挖掘的现象，这样也会给湖盐市场带来一定的冲击和压力，强化湖盐企业管理将成为一个刻不容缓需要解决的问题。

二、市场发展预测

随着新型工业化、城镇化及农业现代化持续推进以及国家创新驱动战略的实施，盐业下游产业将平稳发展，国内需求将在一定程度得到释放。初步预测，2014 年全国盐业市场继续保持稳定增长态势，其中食盐市场需求相对稳定，两碱工业用盐有所增长，小工业用盐需求略有下降，农牧渔及其他用盐也会有一定增长。

（一）食盐市场

1. 市场较为稳定

食盐是人民生活的必需品，需求弹性较小，主要取决于人口因素。随着国民经济和社会的发展，特别是旅游、餐饮业及食品加工、畜牧、饲料等产业的发展对食盐需求将有所增加,我国食盐市场将相对稳定，全国食盐需求量将进一步上升。

2. 消费结构将更加多元化

随着人们生活水平的提高，食用盐的消费结构将逐步走向多样化，注重健康的新理念将成为消费趋势。“少吃盐，吃好盐，科学用盐”的盐产品消费观念将成为新的消费理念，小包装食盐需求将有所下降。食盐消费结构趋于多元化。

3. 消费安全面临新挑战

2013 年，盐业市场出现新变化，私盐贩销手段不断翻新，大案要案时有发生，工业盐、无碘盐、劣质盐、假冒小包装盐等冲击食盐市场，流向百姓餐桌和食品小作坊、小摊点，对人民群众的消费安全构成了严重威胁。

4. 食盐体制改革更加紧迫

2013 年，工业和信息化部已经下放了食盐批发许可证和定点生产企业许可证的审批权，取消了对制盐项目的核准，同时国家发展和改革委员会对食盐计划编制办法做出了调整，这些迹象表明国家正在逐步放开对食盐经营的管制，食盐专营政策和政企分开的改革更加紧迫。

（二）工业用盐市场

1. 工业用盐市场平稳

自 1987 年我国工业用盐量首次超过食盐用量后，我国工业用盐量持续上升，随着我国工业化与城镇化的进一步推进及我国工业的持续发展，工业经济运行总体将保持相对平稳，对工业用盐的需求将保持平衡增长。

2. 市场竞争更加激烈

随着改革的不断深入，烧碱、纯碱以外的工业用盐面临着放开价格、实行市场自主定价的考验。受全国新增产能逐步释放和进口盐的影响情况，2014 年两碱工业用盐市场竞争将进一步加剧，两碱用盐价格还将在低位徘徊。

（三）进出口市场

1. 原盐进口快速增加

2010~2013 年，全国原盐进口年均增长 40% 。由于澳大利亚、印度、墨西哥和智利等国原盐品质较优，价格优势明显，加之国内海盐季节性生产特别是春季难于满足沿海两碱工业生产需求，需要从国外进口原盐以平衡供需关系。预测 2014 年我国将进一步加大原盐进口力度，原盐进口约为 1,000 万吨。

2. 原盐出口相对稳定

我国国内市场对盐业产品的消耗量较大，且相对于国外盐，中国出口盐在价格与品质上并不占优势，加上海运成本因素的制约，因此 2014 年中国原盐出口量将相对稳定，不会有大的波动，原盐出口将维持在 150 万吨左右。

第五章 重点企业介绍

【江苏井神盐化股份有限公司】

一、企业概况

江苏井神盐化股份有限公司是江苏省盐业集团公司的控股企业，公司成立于 2009 年 12 月，下辖 14 个子（分）公司，是集科研、生产、配送、销售于一体的国内大型盐及盐化工企业。公司总资产 45 亿元，从业人员 4000 余人，年产盐及盐化产品总量超过 500 万吨，位居全国盐行业前列。制盐生产能力达 570 万吨，芒硝生产能力达 60 万吨，纯碱生产能力达 45 万吨，自营码头年吞吐量 500 万吨。

二、资产重组

公司于 2008 年下半年开始筹备上市工作。2009 年 3 月，以江苏省井神盐业有限公司为龙头，整合重组了江苏省淮海盐化有限公司、江苏省瑞丰盐业有限公司、江苏省瑞达包装有限公司、江苏省制盐工业研究所，组建新的江苏省井神盐业有限公司。此次整合后公司注册资本由 1.28 亿元增至 1.82 亿元。为延伸产业链、推进 60 万吨/年联碱项目建设，公司分别于 2009 年 9 月、2010 年 5 月先后启动两期私募融资，合计引进 11 家战略投资者，共募集资金 2.98 亿元，为纯碱项目的加速推进和投产提供了资金支持。

2011 年下半年，公司通过股权增资方式，将苏盐集团洪泽盐化工有限公司和淮盐矿业有限公司整合到井神股份旗下；通过现金收购方式，将彩裕企业有限公司及江苏省东泰盐业有限公司主要生产经营性资产纳入井神股份体系；完成了对江苏省淮海盐化有限公司土地、房产及部分经营性资产的收购。通过二期资产整合，公司注册资本由 3.28 亿元增至 4.69 亿元。公司股权由江苏省盐业集团、江苏汇鸿国际集团、淮安高尔登投资公司等 19 家企业持股，在国有资本绝对控股的情况下，实现了股本结构多元化。

三、重大项目建设

“十一五”以来，公司已相继建设投产了60万吨/年联碱一期技改项目、60万吨/年硝盐联产项目、100万吨/年硝盐联产一期项目、长距离采输卤及日晒制盐项目、热泵盐钙联产项目等一大批重大项目的建设。2012~2013年共完成项目总投资约12亿元，启动各类项目近60项，项目建设实现阶段性目标。盐钙联产项目于2012年9月安装设备，目前运行趋于稳定，盐产量达到了预期效果；各类在建项目稳步推进，如二分公司矿区新增井组、能源管控中心、城市集中供热、瑞丰公司采输卤中心等项目；待建重点项目前期工作进展顺利，积极构建淮安片区与淮盐矿业、瑞泰公司、瑞洪公司等单位的循环体系，启动了本部汽电联网项目。完成了60万吨/年联碱二期技改项目论证，办理了瑞丰公司60万吨/年制盐项目环评、能评等手续，积极推进盐碱一体化循环经济产业园、储气库等项目前期工作。

四、近年经营状况

近年来，井神股份公司各方面工作都取得了新进展。主要体现在以下几个方面：

（1）经济效益保持较好水平。2013 年，全年实现产量超 500 万吨、营业收入超 23 亿元、利税总额超 4 亿元。企业经济效益、工艺技术水平、技术创新能力均居国内同类企业前列。

（2）企业上市工作稳步推进。完善了法人治理结构，完成了公司董事会、监事会的换届选举。目前，公司申报材料已被中国证监会正式受理，已进入待审核阶段。

（3）转型升级步伐明显加快。重点项目实现达产，盐钙联产项目运行趋于稳定，盐产量达到了预期效果；在建项目和待建重点项目工作进展顺利。

（4）技术创新能力显著增强。完成科技项目 10 多项，取得市级及以上科研成果 6 项，获得授权发明专利 3 项，受理专利 4 项。核心技术应用推广实现了新突破，“井下循环盐钙联产制碱工艺”被专家鉴定为“国内首创、国际先进”，已向江西晶昊盐化有限公司进行了技术授权许可。钙液井下脱硝、碱渣注井等核心技术得到了积极培育、维护，低硝卤水生产节能技改、钙液注井地下脱硝、去除输卤管道结垢和生产废水资源化利用等技术攻关取得较大进展。技术装备水平不断提升，“浮吸式扒盐机、流化床锅炉中心筒长度改造技术”荣获“江苏省部属企业职工科技创新十大成果奖”，“新型碳化塔”获得国家实用新型专利授权，“粉体流换热器”获“纯碱工业协会科技成果一等奖”。

（5）企业管理水平逐步提高。公司着力攻关包装、纸箱、物流码等问题，提升了应急处理能力，实现产品标准覆盖率、出厂检验合格率均达 100%。切实加强财务管理，通过资金集中管理调剂内部存量资金 5 亿元，通过实行票据集中管理调剂票据 1.1 亿元；成功发行中期票据 2 亿元，节约财务费用 500 万元。

（6）企业社会形象不断提升。先后获得“江苏省质量奖”和“淮安市首届市长质量奖”等荣誉，在行业内外享有广泛的信誉度和美誉度。

五、管理特色

1. 通过找准管理短板，进一步找出薄弱环节，明晰改进措施

在外部对标上，横向选定了行业标杆，在内部对标上，在井神股份公司内部单位中选定标杆，实了内外对标的有机结合。同时保持学习先进和管理创新同步。注重学习借鉴优秀企业经营理念和运行机制，加快推进 QHSE 体系整合，优化管理流程，规范作业行为；深入开展“无泄漏工厂”创建活动，提升设备管理精细化水平。发挥内部专家和专业技术人员积极作用，着力解决资源优化配置、生产系统协同高效以及盐碱钙循环经济发展中的各类技术“瓶颈”和问题。

2. 深入开展“质量提升年”活动

2013 年，公司启动并推进了全公司一体的 QHSE 体系建立与整合工作。公司从细节入手，成立了小包装食盐产品质量专项攻关组，持续推进产品质量的改进，生产运行环节物流码合格率达 98%以上，小包装产品计量中位值偏差率实现了控制目标。瑞达片料溶剂残留总量内控指标≤3mg/m^2。

3. 大力实施创新驱动战略

自 2010 年以来，井神股份公司以全面提升技术创新能力为主线，以解决制约生产经营的技术“瓶颈”为重点，不断完善技术创新体系，优化科技资源配置，强化科技人才队伍建设，技术创新能力明显提升，取得了一批较高水平、具有自主知识产权的创新成果，为加快形成新的经济增长点、实现可持续发展提供了有力的技术支撑。

（1）关键核心技术取得新突破。围绕井神股份公司总体发展规划，选择重点领域，加大资源投入，集中力量攻关，掌握了一批具有自主知识产权的核心技术。全公司近 4 年完成科技项目 80 多项，其中 17 项通过省部级鉴定，1 项达到国际先进水平，多项达到国内先进水平；申报24项国家专利技术，已授权发明专利17项，受理专利7项。

（2）装备技术升级取得新进步。引进世界先进的机械热压缩（MVR）节能装备技术，节能效果显著；自2010以来，井神股份公司共有5项装备获得国家专利技术，4项获省部级以上表彰奖励。

（3）研发体系建设取得新成效。加快推进技术创新组织网络建设，不断完善技术研发和服务平台，初步形成了公司研发机构和各二级单位技术部门的两级技术创新组织架构。打破了以车间技术革新为主导的传统创新模式，建立了专职的高层次研究平台，专职从事产业技术开发工作，引导企业科技创新活动。

（4）技术成果转化实现新进展。2013年，公司与江西晶昊盐化有限公司签署了“盐碱钙联合循环生产工艺专利技术授权许可”协议，随着该项工艺逐步推广，创造了可观的经济和社会效益。江苏省制盐工业研究所研发的碱渣注井、钙液采卤工艺技术，将制碱产生的碱渣、钙液全部注入岩盐矿井，实现了全过程资源循环利用，提高了资源利用率，降低了产品能耗。公司实施的卤水净化工艺改进，年节约费用250万元。经过对锅炉运行参数的不断调整，延长了锅炉运行周期。通过锅炉脱硫、脱硝改造，确保锅炉烟气达到环保新标准。开发研制了清真系列食用盐，建成了我国第一家“清真食盐生产基地”，填补了国内空白，使中国成为国际上第4个生产清真食用盐的国家。研究所研发的盐乳系列产品已成为淮安的特色产品，销售额已近千万元。研发的中草药洗发露被评为“轻工联合会科技优秀奖”和淮安市优秀发明专利。

（5）创新活动效果取得新提高。近年来，技术中心每年组织内部专家评审固定资产投资项目 50 项左右，组织外部专家对重大项目进行技术评审 6~8 项，提高了投资项目的科学性和可行性，为公司领导决策提供了有力的技术支持。

六、今后展望

井神股份公司在国家相关产业政策指导下，准确把握盐化工产业内外形势新变化、新特点，以推动科学发展为主题，以转变发展方式为主线，以深化改革为动力，按照循环经济发展思路，加快推进转型创新率先发展，全面提升市场经济条件下企业的核心竞争力、抵御风险能力和可持续发展能力。

1. 经营业绩目标

全公司主要经济指标逐年增长，发展质量和效益明显提升，继续保持在全国同行业中的先进位次，综合实力不断增强；确立主要经济指标增长目标：2014 年实现营业收入 26 亿元、利润总额 2.4 亿元、盐化产品产量 620 万吨，为打造质量效益型企业、集聚持续发展新优势提供保障。

2. 主要工作措施

今后要把握产业发展趋势，提升企业质量效益。进一步明晰企业发展战略，力争技术、成本、管理、效益走在同行业前列，并打造具有核心竞争优势的食盐生产及食品生产分装基地。狠抓项目建设，提升企业发展后劲。积极推进60万吨/年联碱二期、本部汽电联网、盐碱一体化循环经济工业园等一批重点项目建设，加快推进与中石油盐穴型储气库的合作，促进公司的做优、做强、做大。加强企业创新，打造企业发展优势，力争成为淮安境内首家盐化类上市公司。建立以市场为导向、产学研相结合的研发体系，进一步提升自主创新能力。注重产品品牌的延伸和拓展，有效提升品牌形象和价值。

【重庆市盐业（集团）有限公司】

重庆市盐业（集团）有限公司是重庆市国资委化医集团重点骨干企业（以下简称重盐集团）。重盐集团前身为1997年6月成立的重庆市盐业总公司，2008年改制为国有控股集团。现拥有33个盐业分公司、20个全资及控股子公司，资产总额38.57亿元，员工3,000多人。

2007年，重盐集团开始着手打造“现代商贸流通、制盐、食品调料”三大产业板块。年产60万吨真空制盐装置两套、年产

20 万吨液体盐（卤折盐）、年产 1 万吨豆瓣技改、年产 6 万吨味精迁建技改工程等项目相继竣工投产。主要产品有“钓鱼牌”系列的加碘盐、果蔬洗涤盐、泡菜盐、浴足盐等制盐产品；“飞马”、“养士多”、“三峡”商标系列的味精产品；“天厨”商标系列的豆瓣酱等调味品产品；“包黑子”商标系列的竹笋产品。

一、近年经营状况

（一）调结构稳增长，商贸板块效益明显提升

重盐集团商贸板块以满足市场多元化需求、提升盈利能力为目标，大力调整产品结构，经营质量稳中向好。2013 年实现主营业务收入 24.6 亿元，同比增长 13.46%；实现利润 7,279 万元，同比增长 50.52%。

1. 成功建立“连锁网络+卓越服务”的商业模式

自 2006 年底开始，重盐集团打破专营企业的经营格局，拓宽经营范围，通过“连锁网络+卓越服务”的商业模式创新：取消转代批发商，构建直接配送批零体系，贴近终端市场；着力打造营销网络渠道，构建商贸发展平台；打造一流服务模式，充分发挥渠道增值功能，通过卓越服务，有效搭建紧密商圈，实现从

专营企业向具有市场竞争力、综合性集团的跨越发展。

2. 丰富品项，食盐结构调整成效显著

集团公司加大开发和引进力度，努力构筑品种齐全、主辅协调的品种盐体系，建立按需发展与效益兼顾的动态调整机制。2013 年新增低钠盐、钙盐、竹盐、海盐等不同规格的新品。

3. 效益优先，非盐经营质量稳中向好

为优化政策导向，集团公司加大非盐利润考核权重，促进经营质量整体提升。积极调整商品结构，满足区域市场差异化需求，新增经营品种，加大中高端产品营销力度，延展渠道经营权，完善供销协作机制。如取得中粮集团“四海”食用油重庆全渠道经营权；福临门小包装米销售同比增长 316%；大豆经营范围增至 21 个区（县）。争取郎酒集团支持费用 620 万元，利用大包装味精供货商“库存前移”的政策变化，优化采购模式，控制在途风险，科学实施阶段性批量采购。

（二）合理规划，降成本拓市场，制盐板块产销两旺

为解决重庆市的食盐需求、重庆化工的用盐需要，以及扩大制盐主业的经营规模的需求，按照企业做大做强原则，重盐集团自 2007 年起相继建成投产合川年产 60 万吨真空制盐、云阳年产 60 万吨真空制盐、长寿年产 20 万吨液体盐项目。2013 年，重盐所属制盐企业通过降能耗、调结构、拓市场，仍实现营业收入 4.65 亿元，同比增长 51.2%；利润 1,543 万元，同比

增长 36.65%。

1. 制定规划，合理布局，指导制盐工业有序发展

起草《重庆市制盐工业发展（2011~2020 年）的指导意见》(以下简称《指导意见》)，经多方努力已正式由重庆市政府办公厅发文实施。《指导意见》中明确提出“到 2020 年我市制盐生产能力达到 1,000 万吨，建成西南地区最大的盐业生产基地”的总体目标；重申了盐业行政部门在制盐项目核准中的前置审查职能，设置了建设制盐项目的标准门槛；提出了资源保护的具体要求；明确了长寿、万州、云阳、合川四个制盐基地的建设经营主体、建设规模和重点供应区域。从而为重盐集团规划盐矿资源开发、推动制盐工业发展提供了有力的政策保障和支持。

2. 狠抓内部整顿，严控成本费用

①通过改革煤炭采购管理方式，实行以盐产量结算煤款的煤炭包烧制，节本降耗成效显著。②优化工艺技术，实施母液净化和设备消缺改造，设备最长生产周期达到 75 天，平均日产达到 1,876 吨。③争取政策支持,铁道主管部门协调成都铁路局恢复了铁路货运的优惠政策，打通省外市场货运“瓶颈”，大大减少了合川工业盐迂回运输费用。④狠抓市场销售，实行散湿盐直供两碱企业，实现销供“双赢”。

3. 调整结构，盈利空间明显提升

①牵头确定了重庆食盐加碘新标准，严格执行国家食品添加剂、预包装食品管理相关规定，积极消化旧标准食盐和包装，实

现市场平稳过渡。②优化盐商品结构，引进高附加值的天然海盐，大力拓销绿色碘盐、低钠盐，满足不同层次的消费需求，提升企业经济效益。

（三）食品调料蹒跚前行，食品板块步入正轨

由于历史原因，重盐集团食品调料工业板块各个企业均处于十分困难的局面。通过调结构增新品，落实过硬措施，确定企业主打产品，培育自有品牌，2013 年重盐集团食品板块同比减少 20.88%。

1. 改变模式抓市场，倾力打造产品品牌

针对国内味精市场供过于求、价格持续低迷的不利局面，集团公司大力实施以品牌为导向、提振渠道信心、提高消费者认知度的营销拉动模式，打造川渝核心市场，投入 1054 万元加大线上广告宣传，进入川渝主城 18 个商超系统。

2. 产品创新，抢占市场

飞亚实业大力开展“中央厨房”建设，形成产品研发梯度，实现养士多大骨汤粉、干锅、火锅调料等新产品的定型上市。大力推行粮食全利用，以副产品豆酱研发出了椒油辣酱、香油辣酱，市场前景看好；新版火锅底料推向市场，北京、广州区域反响良好。

3. 深化质量贯标，强化食品安全管理

①对商品进、销、存业务流程进行梳理和规范，完成质量

管理体系文件修改，通过了中国质量认证中心的外部审核认证。②强化食品生产安全管理，认真贯彻执行食品生产安全管理办法，组织开展食品安全 QS 贯标、全面规范化生产维护（TnPM）体系管理专项检查。强化食品安全风险意识，促进制度规范完善和严格执行。

二、未来发展规划

（一）做好四大顶层设计

制定发展战略规划，精准企业目标定位、优化管控架构、明确发展路径和支持措施；构建先进企业文化，进一步巩固企业核心价值观、营造创先争优文化氛围；制定物流设施规划，布局市场控制节点，构筑生产经营硬件保障；制定人力资源开发规划，大力实施人才强企战略，夯实发展改革的人才支撑基础。

（二）抓好三大结构调整

①调整组织结构，建立集团总部管控高效，专业化公司资源整合有力、专业经营能力突出，分公司配送服务卓越、客户拓展高效、渠道掌控牢固的企业组织架构。②调整产业结构，

建立有序的产业进退机制，充分利用国家大力发展混合所有制经济的支持政策，加大整合力度，促进资源向优势产业聚集、向市场竞争力强的专业公司聚集。③调整产品结构，做好市场调研，加强产品分析评估，建立产品退出机制，推动资源投入向优势产品聚集。

（三）深化三项改革

①深化发展方式改革，改进完善绩效考核方式，促进重盐发展方式由规模效应型向质量效益型转变。②深化管控方式改革，建立权责统一、管理有效、运行高效，集团公司目标和风险管控有力，分、子公司自主经营有利的管控新格局。③深化人事用工分配制度改革，建立以业绩为导向的干部员工激励约束和晋升机制。

（四）实施五大创新

①模式创新。②产品创新。③管理创新。④技术创新。⑤品牌创新。加强市场需求心理调研，优化企业品牌内涵设计、优化产品品牌主打概念，增强品牌质量管控能力，提高重盐集团品牌的知名度和美誉度，提高企业产品和服务的附加值。

【中盐上海市盐业公司】

中盐上海市盐业公司是中国盐业总公司全资子公司，前身是华东区盐务管理局，成立于 1949 年 10 月，后经多次撤并调整，于 1955 年 1 月成立上海市盐业公司。1980 年 2 月更名为中国盐业总公司上海市公司，同时负责上海地区盐业运销业务及华东各省在上海的中转盐任务。1992 年公司改名为中盐上海市盐业公司，同年 6 月上海市盐务管理局成立，增加盐业管理与盐政执法职能。

公司主营各种食盐、工业用盐及其他用盐，同时销售纯碱、PVC 等盐化及化工产品，分装经销味精。分别在闵行、嘉定、杨浦和浦东新区设立 4 处物流配送中心，仓储面积 5.6 万平方米；在中盐金坛生产基地设食盐加工分装中心，年产能力 10 万吨。控股中美合资上海中盐莫顿盐业有限公司，托管经营上海良友饭店。截至 2013 年底，在职员工 239 人。

多年来，中盐上海公司按照“加快发展、率先发展”的目标要求，坚持调结构、抓改革、强管理、促转型，主动对接市场经济，从经营理念、盈利模式、产品结构、组织结构、用工分配机制等方面不断加大改革创新力度，推动公司由单一经济向多元经济转变、粗放经营向集约经营转变、政策依赖向创新驱动转变，企业经济步入了快速、健康、良好的发展轨道。2013 年底，公司销售额超过 7 亿元，实现各类商品销售 38 万吨。

一、近年经营情况

（一）以客户需求为导向，公司产品持续升级换代

2007 年在全国率先推出首款绿色食盐，同时主动加强与美国、韩国、日本等国外知名食盐企业的业务合作，积极拓展进口盐市场，截至 2013 年底，已经陆续开发上市了 15 款绿色食盐和 57 款新品食盐，公司绿色食盐的销售规模及各类新品的品种均位于全国前列。公司积极倡导“少吃盐、吃好盐”的健康理念，加快形成高品质、差异化、系列化的品种格局，不断丰富食盐市场，在增强企业发展后劲的同时，也为消费者提供了更多的选择空间，满足客户多样化需求。

（二）以市场终端为中心，公司营销策略不断优化

公司自 2008 年起加快食盐流通化建设，狠抓终端市场，不断优化销售渠道，降低用工成本和运营成本；优化业务流程，着力提高市场响应能力和客户服务能力。

（三）以提质增效为驱动，企业管理水平不断提升

公司以信息化为驱动，以制度化为基础，以巡查督办为保障，不断向管理要效益、向管理要质量。加强全面预算和成本费用管理，制订下发部门全年三项费用预算，加大费用的动态分析与过程管控，压缩办公费、会议费、招待费等管理费用。深入开展对标管理，制定岗位工作标准，实现同岗位工作对标，激励先进。加强巡查督办，奖优罚劣，提高企业运营效率与质量。

（四）以释放红利为目标，加快内部制度机制改革

2013 年在全公司实施组织机构改革，撤销了 5 个基层单位建制，变两级经营、两级管理与核算为一级经营、一级核算、对口管理的扁平化组织结构。开展人员“三定”和薪酬分配制度改革。岗位设置向市场一线倾斜，减少行政事务性管理人员，推动公司职能部门由管理型向经营型转变。

（五）以创新转型为主线，搭建多元化发展平台

公司依托中盐系统的产业优势和自身网络渠道优势，积极开拓与主业相关性强的盐化工业务，集中开展纯碱、元明粉、塑化、危化等产品销售。截至 2013 年底，公司实现非盐产品销售 7 万吨，非盐收入近 3 亿元。利用上海的区域优势和政策优势，积极打造集团的贸易平台和融资平台，探索新的商业模式，推动公

司转型发展。上海中盐国际物流有限公司成为首批入驻上海自贸区的企业。

二、三年发展规划

按照总公司新一轮的三年发展规划，加快成为以盐为主，大宗物资贸易、多种经营为辅，现代物流、进出口业务、金融业务为支撑，协同发展的现代商贸综合流通企业、同业市场最具竞争力的市场主体，占据区域行业市场主导地位，主要经济指标达到国内同行企业领先水平。主要从以下几个方面着手：

（一）产品调结构

通过对市场的细分，依靠提高产品内在品质，选用环保包装材质、推出系列包装规格等手段，积极推进产品升级换代。围绕“自然、安全和健康”的科学用盐理念，全力推进以“绿色、低钠、自然”为主打的食盐品种结构调整工作，满足不同的消费人群。引导人们由吃盐到用盐的观念转变，借助科研企业力量，加快品种盐研制开发，实现品种多样化、产品系列化、价值多元化的目标。加大对软水机、软水盐以及洗浴盐、美容盐、海水晶和融雪盐的开发、生产、推广的力度。

（二）销售上规模

食盐销售是核心业务，一直以来都是企业稳定的现金流和利润源泉，是支撑涉足新领域、应对新挑战的有力保证，是维护改革稳定发展的重要力量。要按照市场细分和渠道分布，把小包装订单营销的着力点放在郊区市场和集贸市场，密切关注社会库存的消化情况，落实专门力量开展深入细致的市场调研，确保食盐小包装销售上规模。在做精盐主业的同时，要充分利用现有销售网络、物流体系和信誉优势，加强与中盐系统盐化工企业对接，与国内知名企业产销合作，做好非盐产品在上海的总代理和总经销。同时挖掘自身资源，盘活现有资产，凭借仓储、物流、房产及客户资源等优势积极稳妥开展房产租赁、物流运输、融资租赁等业务，做到资产效益最大化，实现多元化经营，不断提高专营企业收入利润水平。

（三）内部强管理

（1）战略管理。高度重视企业战略管理，确保企业“十二五”发展规划有效实施。

（2）质量和安全管理。严格准入许可，对食盐采购、分装、销售各个环节进行质量检验检测，严格把关，每个细节确保食盐质量。同时严格执行安全生产责任制，对关键环节和重点部位开展不定期检查，及时整改隐患，防范重大安全事故的发生。

（3）对标管理。选准目标，自加压力，积极开展内外部的对标管理活动。狠抓弱项指标，把重点放在加强薄弱指标的管理上。

（4）全面预算管理。全面推动预算管理工作，形成分工明确、责任清晰、相互协同、高效配合的工作机制和责任机制；加强关键指标预算控制，努力提升企业运行质量；强化预算刚性约束，做好预算执行监控与分析工作；加强预算执行结果考核，实现预算闭环管理。

（5）成本费用管理。加强供应链的精益化管理，对全过程、全产业链成本、费用实施控制。

（6）信息化管理。通过信息技术进一步推动公司资源管理整合，在开发专项功能应用的同时整合相关业务平台，实现信息化统一管理，全面增强信息化对企业系统控制方面的基础支撑作用。

（7）风险管理。加强内控制度建设，进一步完善工作流程和制度管理，重点在货币资金、应收账款、存货、合同管理等方面强化过程管理，责任到人，加强考核，增强风险预见性和管控能力。

（四）促转型发展

（1）促观念和行为转型。改变专营体制下思维定式和习惯行为，形成敢于竞争、善于竞争、按市场竞争规则行事的新观念和行为。

（2）促战略发展转型。立足华东，跳出上海，由专注上海市场的竞争与发展，转向谋划全国市场，积极搭建集团贸易销售和融资投资平台，筹建华东化工销售公司，助推集团内部业务协同和产业整合，通过联动发展形成新的增量。

（3）促销售模式转型。改变官商、坐商思想，深度开拓市场，全面实施客户经理制营销模式，提升渠道终端的服务力和掌控力，加强客户关系和客户资源管理。

（4）促盈利模式转型。由单一品种向多品种盈利转型，由产品经营向产品经营和资本经营相协调转型。

（五）抓文化建设

扎实推进企业文化创新，开展企业文化建设的调研，提炼公司多年经营发展中的文化积淀，糅合先进文化要素，树立企业核心价值观，引导建立以开放和竞争为导向的企业文化，形成企业文化建设手册，初步建立内化于心、固化于制、外化于行的企业文化，用企业文化凝聚人心、激励斗志，锻造品牌，全面提升企业形象和社会信誉。

【浙江省盐业集团有限公司】

一、基本情况

浙江省盐业集团有限公司前身为成立于1978年的浙江省盐业公司。经过近些年的改革调整，浙江省盐业集团有限公司拥有76家市、县（区）盐业子公司。公司现有盐田生产面积1,852公顷，2013年，全省产盐16万吨，销售各类盐产品103万吨。

“十一五”时期，全省年均盐产品销售量突破百万吨。进入“十二五”以来，全省盐业和集团公司继续保持了平稳较快增长的势头。集团公司及所属企业实现营业收入比2012年增长了13%；实现利润总额比2012年增长了11%。

二、经营状况

近年来，浙江省盐业集团有限公司以提高盐业经济增长质量和效益为中心，立足盐业主业，着力多元发展，调结构、促转型，强管理、增效益，抓党建、促和谐，扎实推进盐业生产经营管理和改革发展各项工作，较好地保障了盐业市场平稳有序和有效供应，取得了经济效益和社会效益的双丰收，主要呈现出以下五个特点：

（一）结构调整成效明显

全省盐业把结构调整作为企业转型升级、提高效益的突破口，通过加大对产品、品牌和经营结构的调整力度，有效提升了企业发展的质量和效益。

1. 产品结构不断优化

各盐业公司在继续拓展绿色盐、湖盐和竹盐等高端盐产品市场的同时，积极引进和推广海藻碘盐、国本菇盐、福建贡精盐等高附加值产品，既丰富了市场食盐品种，又提高了食盐产品档次。2013 年，全省新批小包装食盐 12 种，由试销转为正式定价的有 32 种。全省销售各类多品种食盐同比增长 207%，占小包装口食盐的比例由 2012 年同期的 13%提高到 42%，多品种盐和绿色盐占小包装口食盐的比例达到了 99%，企业经济效益大幅提升，产品结构调整取得了明显成效。

2. 品牌战略有效实施

各食盐定点生产企业认真落实浙盐精品化战略，在加大新产品研发力度、努力打造具有知识产权的高端食盐产品的同时，积极拓展盐产品销售市场，扩大发展空间。绿海制盐公司生产的日晒自然盐，保持了日晒海盐特有的品质，年产销量超过了 8 万吨。浙江蓝海星公司生产的健康平衡盐、低钠盐和海水晶及洗化盐系列产品等远销全国 10 多个省（市），具有较好的品牌知名度。浙江颂康制盐公司开发的竹盐产品已进入上海市、湖南省、陕西省等食盐市场，全年销量达到 1,000 吨。

3. 非盐经营逆势增长

非盐经营是浙江省盐业适应市场化改革的关键举措，也是转型升级的重要途径。近年来，全省盐业依托食盐配送网络，着力为用盐客户提供全方位、集成式的供应链服务，积极拓展大米、白糖、味精、食用油等快消品业务，努力打造“厨房工程”。同时，利用酒类产品经营风险低、毛利高、经济效益好的特点，大力拓展浙江省代理的澳兹莱德葡萄酒、白酒、黄酒系列，面向全国做好酒类业务，使酒类业务成为盐业企业新的经济增长点。另外，盐化产品经营也是全省盐业保增长的重要业务，集团公司努力做好经营结构的调整和品种的选择，保持了快速增长的良好势头。2013 年，全省盐业实现非盐销售收入首次突破 5 亿元，占总营业收入的 23%，打破了“唯盐是举”的经营格局，非盐经营取得了长足的发展。

（二）市场保供平稳有序

全省盐业认真履行食盐专营和市场供应职责，合力强化市场管理，较好地保障了全省盐业市场的平稳有序和有效供应。

1. 着力抓好盐政管理

坚持依法行政，认真组织开展腌制加工用盐专项检查和工业副产盐专项整治以及食盐市场整规工作，有效维护了全省盐业市场流通秩序。

2. 着力保障市场供应

各盐业企业认真执行盐产品分配调拨计划，加强计划衔接和调运管理，合理安排生产加工和市场供应，较好地保证了季节性腌制加工用盐的需求和正常性的均衡供应。

3. 着力保证食盐安全

各盐业企业认真落实质量管理责任，加强对盐业市场和食盐定点企业盐产品质量监督抽检频率和力度，确保食盐质量安全。进一步强化合格碘盐普及供应和非碘食盐生产供应管理，有效巩固了碘缺乏病防治成果。2013 年，全省碘盐覆盖率 94.04%，碘盐合格率 97.02%，合格碘盐食用率 91.26%。

（三）项目投资稳步推进

公司加大资本运作和投资力度，有效推动了企业转型发展。一方面，资产布局结构不断优化。投资近 2.2 亿元，参股中国盐业股份有限公司和湖南盐业股份有限公司，以及中盐镇江、中盐新干和江苏井神股份公司，增强了对省外盐资源的投资力度。分别对杭州食盐配送公司和杭州盐业科技公司进行增资，进一步加大对产业转型和科技创新研发平台的投资力度。另一方面，重点项目建设有序推进。近年来，集团公司筹集 6 亿多元资金，先后建设了台州、上虞、杭州、宁波、嘉兴区域配送中心和杭州湾公司 25 万吨粉洗盐项目。目前，有的项目已竣工投产运行，有的正在进入工程扫尾和装修、调试阶段，有的项目如绿海公司罐装盐、杭州盐业科技公司项目以及温州、绍兴、湖州、金华等区域配送项目建设工作也都在有条不紊地推进。

三、未来发展规划

目前，浙江盐业要重点抓好以下几个方面的工作：

（一）进一步深化企业改革

加大推进力度，转变经营机制。积极推进全省盐业的股份制改造。实现投资主体多元化。

（二）进一步推进结构调整

公司要进一步加大产品结构调整力度。要继续坚持浙盐精品化战略，充分挖掘日晒海盐优势，加大新产品研发力度，努力打造具有知识产权的高端食盐产品。要加强以盐为载体的日化产品研发和品牌营销，不断提高盐品附加值。

（三）进一步转变营销模式

把打造“浙盐连锁”作为全省盐业和集团公司转型升级的主攻方向，作为推进食盐批发企业向现代商贸企业转型的战略性举措。要在全省盐业资源整合的基础上，切实增强对终端市场的控制力，不断提高集约化、规模化水平。充分依托连锁经营网络，逐步从依赖团购向渠道配送转变，提高非盐商品分销能力，进一步拓宽经营空间。

（四）进一步优化产业布局

以现有盐产品经营为依托，在优化整合全省盐业资源的基础上，加大对盐业产业链的全面规划和布局。

1. 要抓好盐源项目建设

在加大省内外盐源基地建设和投资参股省外制盐企业力度的基础上，积极寻求澳大利亚、墨西哥海盐等全球资源，切实增强对盐资源直接或间接的有效调控，为产业发展提供强有力支撑，进一步增强主业发展能力和后劲。

2. 要抓好储运体系建设

集中力量以区域配送为节点加快仓储配送中心建设，重点抓好杭州配送、嘉兴配送、杭州湾公司等在建项目的竣工投产及运行，尽快形成新的生产服务能力。

3. 要加大投资力度

围绕主业延伸产业链，做好盐和非盐产品的深加工，在品种研发、包装开发、服务质量、自有品牌建设和商业模式创新上下功夫，形成具有核心竞争力的延伸产品。

（五）进一步强化集团管控

按照建立现代企业制度的要求，进一步规范和完善公司法人治理结构，不断提高集团化运行效率，实现集团总部对下属企业的管控模式由业务管控为主转变为财务管控和战略管控相结合的综合管控模式。

【湖南省轻工盐业集团有限公司】

一、基本情况

湖南省轻工盐业集团有限公司是 2002 年 4 月经湖南省人民政府批准，由原湖南省轻工集团总公司与所辖的湖南盐业集团合并组建而成，是一家集“工、贸、科、教”于一体，以盐产品生产与批发、塑料制品业为主，并从事资本运营、房地产开发、建筑安装、流通贸易、科技开发、勘察设计、职业教育等业务的省属大型国有企业。集团拥有全资、控股、参股公司及科研设计院所等 14 家。集团控股子公司湖南盐业股份公司是全国盐业第一家跨省联合、产销一体的现代股份制企业，其所辖的湘衡盐化有限公司、湘澧盐化有限公司均为全国井矿盐行业重点骨干企业、国家食盐定点生产企业，均通过 ISO9001:2000 质量认证，年产能 300 万吨。截至 2013 年，集团员工 9,800 余人，资产总额 51.56 亿元，净资产 25.9 亿元，资产负债率 49.7%，综合实力位居全国同行业前列。

集团“雪天”牌食盐商标是全国盐行业第一个中国驰名商标。“雪天”牌产品销量大、覆盖广、市场占有率高，畅销湖南、广东、广西、贵州、浙江、重庆、上海等省（市、区），产品质量和服务得到了广大用户和消费者的广泛赞誉。

集团近年来荣获全国食盐市场管理先进单位、全国盐行业抗冰救灾先进集体、应对食盐抢购保障食盐供应先进集体、全国轻工业信息化与工业化深度融合示范企业、湖南省文明标兵单位、平安单位、反腐倡廉先进单位、安全生产先进单位、信访维稳先进单位、国有企业创先争优先进单位等称号，以及 2010 年、2011 年全国轻工业制盐行业十强企业，2010~2011 年全国轻工企业卓越绩效先进企业，2012 年中国服务业 500 强企业、湖南省 100 强企业，2013 年全国轻工行业先进集体、湖南省十大品牌企业。

二、经营管理特色

集团坚持以科学发展观为指导，不断深化改革，强化内部管理，加快产业发展，各项工作稳步推进，综合实力显著提升，主要表现为以下几个方面：

（一）坚持重大项目带动，提升核心竞争力

实施项目带动战略，通过以高新技术改造、提升传统产业装备水平为手段，集团先后投入10亿余元，实施了湘衡盐化公司35万吨/年盐硝联产技改工程、64万吨/年盐硝联产扩改工程，以及湘澧盐化公司一组罐30万吨/年真空制盐扩改工程与炉机改造、60万吨/年盐硝联产项目等一批重大工程，扩大了生产规模，形成了年产300万吨精制盐的能力，提升了技术装备，提高了产品质量，节能减排取得了明显成效，生产成本不断下降，增强了企业市场竞争能力。

（二）优化产业结构，加快转型发展

（1）积极推进盐化产业延伸发展。启动了湘衡盐化公司元明粉项目，湘澧盐化公司钾资源综合利用项目的可行性论证。

（2）推进非盐商品自主品牌生产加工。依托盐业营销网络大力拓展盐与非盐的商贸流通业务，在巩固与非盐商品优势品牌和优势企业合作的同时，抓紧自主品牌商品的开发，依托营销渠道逆向延伸介入生产领域，并争取购并具有品牌优势、工艺技术优势、市场优势的目标企业，推进低成本扩张与兼并重组。

（3）加快高科技产业发展。依托优势项目加快发展精细化工产业，主要是以具有自主知识产权的重要科技成果、目前市场份额占有率 30%以上的驱避蚊原药产业为依托，实施“500 吨原药+1,000 吨制剂”项目。

（4）资本运营积极拓展业务渠道，创新业务模式，已逐步发展壮大。

（5）房地产与工程设计咨询业务加快市场化发展，培育了新的经济增长点。

（三）深化改革改制，增强发展活力

集团按现代企业制度要求建立了法人治理结构，湘衡、湘澧盐矿按照现代企业制度要求完成了公司制改造，对晶鑫科技股份公司进行了股权结构清理。按照市场化改革方向优化产销业务流程，撤并了轻盐科技公司、津市调运分公司，整合了系统内资源。食盐流通现代化建设不断完善，零售终端网络布局进一步优化，市场控制力得到加强。为掌握改革的主动权，2011 年 8 月集团启动股份制改造工作，以盐业精良资产及业务整体打包，联合贵州、广西、江苏盐业及其他战略投资者共 7 家，发起创立了湖南盐业股份公司，广东盐业和浙江盐业也先后加盟。湖南盐业股份公司从筹划到创立，历时仅 4 个月，创造了国企改制的范例。

（四）强化内部管理，提升管理水平

效能监察突出以经济效益为中心，推行“阳光工程”成效明显。项目管理实现全过程管理和监督；推行全面预算管理，财务管控明显增强。资金结算中心提升了集团整体融资能力和资金使用效率。盐政管理强化与公安联合执法长效机制，加大涉盐违法犯罪打击力度。出台了《湖南省盐业全面质量管理制度》，质量管理得到较大提升。推行对标管理，股份公司各单位对标意识得到加强，降本增效成效明显。信息化管理与生产经营紧密融合，集团各项管理基本实现信息化。依法治企突出合同管理、普法宣传和重大诉讼案件办理，法律风险得到了有效控制。安全生产健全了目标管理体系、责任体系，推行标准化管理体系，加强了隐患治理和安全投入，集团连续 12 年实现安全年，6 次被湖南省省委、省政府评为安全生产管理先进单位。

（五）坚持科技创新，强化技术支撑

近年来，开展了一批以高新技术改造和提升传统产业、节能减排、循环经济为主要方向的科技攻关项目，推动了集团产业的建设。湘衡盐化公司自主研究开发的双井定向连通采卤工艺和逆循环制盐技术达到国内领先、国际先进水平。湘澧盐化公司与长沙矿冶院合作开发应用黑锑熔铸炸药爆破裸露开通与压裂封闭盐层研究科技成果，填补了国内空白，获得了国家发明专利。轻工研究院自主开发的避蚊胺、驱蚊酯等系列新型高效防霉防蛀新产品完成了欧盟“REACH”预注册。湘瓷科艺红瓷盘湖湘文化、红色中国杯、高性能陶瓷表面金属化处理工艺、高性能陶瓷金属化丝网印刷预处理装置 4 个项目获得技术专利。

三、未来展望

今后，集团发展将重点从四个方面入手：

（一）大力调整和优化产业结构

在加强主业发展的基础上，整合企业内外部资源，实施相关多元化战略，实现盐业制造现代化、盐化产业一体化、高新产业规模化、商贸物流现代化。

（二）大力提高科技进步和自主创新能力

紧紧围绕“四化两型”建设，建立创新机制和平台，优化盐产品结构，开发适应消费升级的高附加值盐产品；重点加大高新技术产业创新力度，以科技进步带动高新技术产业发展。

（三）大力加强改革开放

发展资本运营，调整产权结构，实现投资主体多元化、产权股份化，由内涵式发展转向内涵与外延并举的发展模式。

（四）制定应对改革方案，以提升管理效率和经营效益为核心，稳步推进体制改革

在企业快速发展的同时，仍要加强干部职工队伍建设，不断提高员工素质、收入和生活质量，建设凝聚向上的企业文化，促进集团稳定健康发展。集团将继续坚持创新发展、稳健发展、和谐发展原则，积极实施“以盐为主，多元发展，做大做强，高端高效，行业一流”的发展战略，大力发展盐及盐化工、商贸流通、资本运营、高新技术、房地产与工程设计咨询业务五大板块，努力实现“十二五”末集团总资产达到 65 亿元，年销售收入达到 60 亿元，构建华南领先、国内先进的高纯真空盐及盐化工制造中心，争创国内同行业一流的集约型、规模型、创新型的现代企业集团。

【宏达盐业有限责任公司】

一、基本情况

宏达盐业有限责任公司是中盐新疆盐业有限公司控股的从事湖盐开采、加工、销售的企业，是国家在自治区确定的 8 家食用盐定点生产企业之一，担负着北疆地区食用盐与工业盐的生产和供应，年生产量达 200 万吨。宏达盐业公司由始建于 1958 年的和丰盐场和夏孜盖盐场于 2000 年改制重组而成，公司 2006 年完成了加入中盐新疆盐业有限公司的二次改制工作。改制后的企业仍是国有控股企业，按照有限责任公司章程要求，设立了股东会，股东会下设董事会、监事会，在董事会领导下设立经营班子。下设 7 个部（办）、3 个分公司，在岗职工 360 人。

公司拥有丰富、品质优良的湖盐矿产资源，地处准噶尔盆地腹心的玛纳斯盐湖和达巴松诺盐湖矿区，面积分别为 300 余平方公里和 100 余平方公里，是新疆境内资源条件最好的盐湖，开采便利，矿藏品位高，氯化钠平均主含量为 90%~98%，盐层厚度平稳，晶间卤水十分丰富，并伴有钾、镁、溴、硼等其他较丰富的有益资源，具有较高的开采利用价值。主要盐产品分为三大系列：食用盐系列有绿色盐、精制盐、粉碎洗涤盐和强化营养盐等7个品种；洗浴用盐系列有玫瑰浴盐、薰衣草浴盐、奶浴盐、薄荷足浴盐、生姜足浴盐和洁面盐等品种；工业盐系列有两碱工业盐、小工业盐和融雪盐等品种。

公司盐产品销售量及市场占有率连年呈增长趋势，近3年来，公司产品在疆内市场食用盐销售稳定，工业盐销售增幅明显，多品种盐逐渐成为公司一个新的经济增长点。公司近3年创利税分别为5,434万元、10,097万元和12,661万元。2013年公司全年共生产各类盐产品164万吨，销售各类盐产品176万吨，实现销售收入1.57亿元，员工收入得到持续增长，其他各项目标任务全部顺利完成。

为了不断提高产品质量、不断满足顾客及市场的要求，推动企业可持续发展，公司于2003年在新疆盐行业率先通过了ISO9000：2000质量管理体系认证；2007年通过了国家标准化管理委员会专家组的评审，成为“国家标准化良好行为企业”AAA级的单位。还荣获自治区级“守合同、重信用”单位称号，被自治区人民政府确定为100户“成长型企业”之一。生产的黄羊牌、金驼牌食用盐、工业盐产品荣获“新疆名牌产品”称号、食用盐产品荣获“新疆著名商标”称号。

二、调整生产结构，加快企业发展

（一）立足当前，着眼长远，项目建设取得突破

2013 年，公司以加入中盐新疆盐业有限公司为契机，结合中盐的产业布局与结构调整，对企业发展规划工作进行了充分论证并付诸实施。解决了玛纳斯盐湖由于每年不确定洪水造成的停产，同时减轻达巴松诺尔盐湖的生产压力，使玛纳斯盐湖资源与区位优势得以充分发挥。公司投资 3,000 余万元，完成了 100 万吨盐田滩晒项目的建设工作。为保护达巴松诺尔盐湖资源的可持续性开采，公司投资 1,000 余万元，实施了达巴松诺尔盐湖保护性开采补水工程。该项目使用后，将会补充达巴松诺尔盐湖卤水水位，加快达巴松诺尔湖盐资源的再生，为公司持续、稳定生产奠定了基础。解决了达巴松诺尔盐湖几十年来依靠柴油机自己发电的状况，为员工创造了良好的工作和生活环境。

（二）整合资源，不断革新，技术改造上新台阶

近年来，随着公司产能规模的不断扩大，解决再生盐规模化开采已是当务之急。为解决这一重要课题，公司制定技改方案，

不断改造再生盐生产工艺，通过多次的试生产，已于 2014 年上半年正式投入生产，这将逐渐扭转两碱盐完全依赖原盐的局面。

（三）重视质量，强化管控，盐产品质量得到了保证

公司认真落实 3 级管理模式，将实施的 ISO9001 质量管理体系与标准化良好行为管理体系有机地结合起来，在生产流程的控制方面，严格控制原料、半成品、成品的检验，注重过程体系的监控；在生产过程中坚决杜绝不合格产品流入下一道工序；产品控制过程做好质量检验报表，且记录完整，实现生产过程中产品的可追溯性。通过强化管控，有效地保证了公司产品质量的持续稳定，确保各种盐产品 100%合格出场。

（四）安全生产，警钟长鸣，建立安全标准化体系

公司在安全生产管理工作上始终坚持“安全第一，预防为主，综合治理”的方针，积极推进安全标准化工作。公司一直坚持企业内部安全考核工作，逐步形成了公司安全生产管理系统标准化的管理模式。为切实有效的提升公司对安全生产的管理，公司在行业内率先推进了 2A 安全生产标准化体系的建立、认证与推广工作。并于 2013 年底，通过了自治区安全标准化委员会对体系建设的验收工作，顺利取得认证资格。

（五）持续整改，强基固本，管理提升活动有序推进

多年来，公司通过管理提升活动的开展，使各项管理工作有了新的提高。在对标管理方面，通过对转筛筛芯的改造，并不断调节以保持适宜布料速度，减少了大粒盐中混入精制盐的含量，与同期相比，半成品盐生产的损耗，由过去的 15%降到 12%以下。通过一系列的技术改造，使设备的维修率也大大降低。在质量管理方面，通过进一步明确生产管理过程中的产品质量及关键控制点，从以往的产品控制转变为对生产过程的控制，管理水平得到提升。在节能降耗方面，通过完善目标责任考核机制和各种技术创新，取得了实效。通过技术改造，同比原盐损耗从 37%降到 35%，煤耗由 22 千克/吨降为 18 千克/吨，碘酸钾使用量由 58 克/吨降为 50 克/吨，精制盐生产的 5 项主要物料消耗均低于考核标准。对装载机的铲齿间隙处加焊钢板，有效减少了生产现场的原料盐浪费。

三、发展规划及方向

2014~2016 年，宏达盐业计划将工业盐的生产转入玛纳斯盐湖，同时对达巴松诺尔盐湖实施保护性开采。最终将玛纳斯盐湖

打造成为公司的工业盐生产与原料盐供应基地，将达巴松诺尔盐湖打造成为绿色食用盐生产基地。在工业盐的生产与销售逐渐做大的基础上，向盐化工方向发展，进行卤水资源的综合利用与开发。

（1）玛纳斯盐湖矿区作为主要生产基地，以 100 万吨盐田滩晒和机械化采盐生产线为基础，在 3 年中逐年提高两碱工业盐产量；对达巴松诺尔盐湖实施可持续发展的战略，完善开采工艺，以再生盐为主有计划的保护性开采；食用盐生产在绿色、特色、环保上下功夫，充分利用我们的优势资源，研发系列特色盐、绿色食用盐、湖水晶盐等高附加值的盐产品。力争到 2016 年实现原盐 500 万吨的生产能力，成为新疆重要的盐化工原料基地。同时利用资源优势和先进生产工艺优势，实现盐的多样化、精细化目标，成为北疆主要的食用盐（绿色食用盐和特种盐）供应基地。

（2）建设 10 万吨真空盐项目，公司规划在 2016 年之前围绕玛纳斯盐湖建成 10 万吨/年规模的真空盐车间。以玛纳斯盐湖周围辐射范围较广的 G217 国道公路、高速公路和铁路线交通网为依托，建立具备汽车、火车运输方式的盐业物流，有利于打造新疆集生产、物流一体化的新型食用盐基地。

（3）公司还将充分利用盐湖资源特色适时涉足旅游开发，积极拓宽发展空间，将开发工业旅游作为增加企业新的经济增长点。结合实际情况，走创新之路，打造以“北疆死海”为主题的工业观光游项目和以盐浴等养生疗养、预防疾病为理念的健康观光游。

（4）将完成玛纳斯湖资源的综合开发利用的前期工作，初步形成盐湖盐、硝、钾、镁等资源的综合开发能力。

宏达盐业有限责任公司自改制以来，企业实现了长足发展。公司致力于多元化经营，变资源优势为经济优势，全面推进企业的可持续发展。

【中盐东兴盐化股份有限公司】

一、基本情况

中盐东兴盐化股份有限公司（以下简称公司），前身是地方国有企业——安徽省定远盐矿，公司主营业务为盐、硝产品的生产销售，2013 年实现年产品 150 万吨的产能，年营业收入 5.5 亿元，资产总额 6.5 亿元。2001 年加入中国盐业总公司。现有股东及持股比例为中盐安徽盐化集团股份有限公司 91.84%，安徽省定远盐矿 8.16%；注册资本为 11,662 万元。

主要产品有：精制碘盐、工业用盐、液体盐、元明粉、果蔬盐、软水盐及绿色食盐、低钠盐、海藻碘盐等多品种盐和洗浴盐等生活用盐。公司生产的“中盐”牌、“东兴”牌特制食盐、特制海藻碘盐等产品经中国绿色食品发展中心认证为绿色食品。公司产品覆盖国内 20 个省、市，并远销日本、韩国、马来西亚、澳大利亚、蒙古国等国家和地区。

公司成立以来，发扬“坚持创新，不懈进取”公司精神，克服了市场复杂多变、竞争激烈等诸多不利因素的影响，从产品单一化到多元化，管理从粗放型到精细型的转变，企业从小到大、从弱到强，跨入中盐制盐企业前列。先后获得全国“守合同重信用”企业、“全国精神文明建设先进单位”、“全国轻工行业先进集体”、“全国轻工业企业管理现代化创新成果二等奖”、“全国盐行业 AAA 级信用企业”、“中国轻工业制盐行业十强企业”等荣誉称号。

公司在追求企业价值最大化的同时，积极承担企业应尽的社会责任。2011 年，面对全国食盐抢购风潮，在较短时间内稳定食盐市场供应秩序做出自己的贡献，荣获中盐总公司授予的“应对食盐抢购，保障市场供应先进集体”称号。2012 年认真贯彻执行国家碘盐新标准，对加碘设备进行了技改，精确度控制在中值±2ppm 范围内。

二、经营管理特点和主要经验

（一）经营管理特点

公司的发展经历了四个阶段：1987~1990 年 4 月为筹建阶段；1991~1999 年为求生存、促发展阶段；2000~2005 年为寻整合、拓市场、上规模、抓基础阶段；2006 年至今为强管理、增效益阶段。四个阶段经营管理特点鲜明，为不断提升公司核心竞争力起到了积极的推动作用。

在创业筹建阶段，经过近 4 年艰辛筹建和拼搏奋斗，公司首期年产 10 万吨精制盐工程于 1990 年 4 月 11 日投入生产，从此结束了安徽省不产盐的历史。

在求生存、促发展阶段，公司二期年产 20 万吨精盐工程历经 8 年准备和建设，于 1998 年 10 月建成投产。由于营销决策错误，使得企业生产经营举步维艰。面对困境，企业进行深化改革，解决市场和管理问题，开始了二次创业。

在寻整合、拓市场、上规模、抓基础阶段，为谋求更好发展，企业于 2001 年加入中国盐业总公司。公司积极培育市场、开拓市场，提高市场占有率。年产 60 万吨盐硝联产综合技改工程于2006年2月22日一次性投料试产成功，从此，中盐东兴公司形成了三条制盐生产线，设计产能90万吨，实际产能达到150万吨。

在强管理、增效益阶段，公司以科学发展观为指导，内抓管理，外拓市场，深化改革，创新进取，通过对标管理、管理提升活动的开展，较好地解决了制约公司发展的“瓶颈”问题。加强制度建设，创新体制机制，企业发展从创业期向发展期顺利转型，逐步与现代企业接轨。提高采购质量，降低采购成本。不断创新营销策略，改变销售模式，企业的经济效益逐年提升。

（二）主要措施

1. 强化基础管理，提高效率效能

公司的发展过程中，积极探索科学的管理模式,推行并完善目标管理。制定本年度经营目标，根据目标完成情况进行绩效考核，实行激励与奖惩。

强化制度建设推进一体化标准化体系管理。公司在2003年获得质量管理体系的基础上，进一步拓展一体化体系建设，于2010年推进质量管理体系（ISO9001）、环境管理体系（ISO14001）、职业健康管理体系（ISO18001）、食品安全管理体系（ISO22000）和测量管理体系（ISO10012），提高企业管理水平。一体化管理体系开创了全国盐行业标准化管理的先河，为公司规范管理、实现做强做优奠定了坚实的基础。

实施并强化绩效考核。公司成立“效能监察部”，对各单位的绩效进行考核、评价，提出奖惩意见，建立绩效考核体系，针对生产单位和职能部门制定不同考核办法，将定量考核和定性考核相结合。对公司各单位、各部门职责的履行、制度的执行情况进行监督检查；对各级经营管理人员履行岗位职责及从事管理活动、文明办公的情况进行监督；对公司管理效率、效能和效益情况进行监督。

完善组织管理流程，提高工作效率效能。2012 年，公司集中力量，重点突破，公司职责流程逐步完善，成效显著。在技术体系建立上，成立了盐硝、热动、电仪、机械四个专业技术组，各专业组围绕解决生产技术难题，各项工作有序推进。2013 年，将原来覆盖全公司的 7 套 DCS 系统已经无缝整合为 4 个集中控制中枢。2013 年 9 月，对公司采卤、供水、供汽、供电、制盐、包装、堆码、转运、发货、运输、交付等生产经营活动逐一进行梳理，形成了一套集生产、经营、管理、服务于一体的流程管理体系。

2. 降本增效，企业综合效益明显提升

公司狠抓采购源头，提高采购质量，降低采购成本。注重物资采购，增加采购透明度，规范流程，加强监管。对占生产成本 50%左右的煤炭采购，制定并严格实施了《原辅材料验收标准》、《煤炭采购管理规定》，通过努力，煤炭采购管理走上了规范、健康的轨道。采购的煤炭入场煤和入炉煤的发热量检测结果已很接近，差距不到100卡/克，吨原煤产气量由过去的5吨左右到现在已稳稳超过6.1吨，吨汽耗原煤由200千克左右减少到160千克左右；2011~2013年平均每年节约煤炭采购成本约2,000万元。

3. 狠抓销售效果，提高产品附加值，实现效益最大化

随着盐行业规模的不断扩张，盐产品生产能力逐步扩大，供大于求的矛盾日益加剧。为此，公司积极与各盐业公司沟通联系，加强产销合作，保证了食盐调运计划的落实。同时，外贸、多品种盐以及副产品销售也较好地完成了任务。公司严格食用盐质量，切实维护好国家食盐专营政策，较好地完成了国家下达的调运计划。工业盐方面，积极开拓化工企业市场，通过增强服务，保持销售价格稳定。食用盐方面，2004年与安徽省盐业总公司合作，上马年产20万吨食用盐小包装项目，为此，中盐东兴公司实现了母盐直接进入小包装生产线，直接配送到用户的快捷路径，节约了大量成本。大工业用盐方面，改变产品包装形式。改工业盐包装盐为散装盐，改散干盐为散湿盐。工业盐用户目前已普遍采用了散装方式，散干盐也大部分改为了湿盐。改小包装为吨袋大包装，并重复使用包装物。这些措施的实施，使产销关系进一步得到了融洽。

强化新产品研发，提高产品附加值。成立专门机构、配备专业人员，对绿色食品盐的母盐提供、加工生产、执行标准、市场推广都做了大量的试验、研究并获成功，并于2004年向国家绿办申请绿色食品盐生产资质并获批准，成为盐行业第一家具备绿盐生产能力、小包装配送和生产资质的企业。先后完成柔化微晶洗浴盐、腌制盐、妇女儿童沐浴盐膏、餐具洗涤盐、果蔬洗涤盐多种产品的市场调研、项目建议书、项目申请书、产品小试、标准制定以及技术资料储备等工作。2012 年果蔬盐、柔化浴盐等 6 项新产品荣获“安徽省科技成果奖”。2013 年，完成了特制海藻碘盐、海藻碘鲜味盐低钠盐、深井碘盐、海藻精制加碘盐、海藻鲜味盐以及钠钾调和碘盐 6 个新产品研发，针对新品种盐制定了企业标准并在省卫生厅进行了备案，目前的海藻精制加碘盐已生产入市，受到了消费者的欢迎和好评。

三、未来展望和发展方向

2014~2016 年，公司将进一步加快转变发展方式，着力“做精、做强、做优”。立足制盐主业，以提升品质和产品价值为突破口，推进技术进步，努力提高产品附加值，保持公司在食盐、工业盐产品上的领先优势；探索多元化发展路径，协同发展种植、养殖等相关农业产业，实现公司可持续发展。

通过技术和管理创新，积极推进主业盐产品升级，再上一条年产 100 万吨盐硝生产线，力争到 2016 年，设计盐产品生产能力 160 万吨，资产总额 10 亿元，主营业务收入 6 亿元，利润总额0.8亿元，使公司规模、效益和综合实力保持在中盐制盐企业前列，争创行业内矿山土地综合利用的示范企业。

【汇泰投资集团有限公司】

一、基本情况

汇泰投资集团有限公司是一家以原盐生产、盐化工、海水养殖等多领域发展的综合型、科技型、现代化大型企业。公司资产总值达30亿元，职工3,000人，年可生产优质海盐100万吨、溴素5,000吨、海产品1,500吨，年可实现销售收入16亿元，利税达3亿元。

汇泰投资集团有限公司前身是始建于1958年的山东埕口盐场，设计生产能力110万吨，占地120.5平方公里。1959年，经山东省人民委员会批准，将山东埕口盐场列入国家建设项目。

1994年，经上级批准，以埕口盐场为核心层，无棣县盐场、无棣县第二盐场作为紧密层，乡镇盐场作为松散层，组建了山东埕口盐化集团总公司，实行集团化经营。2004年8月，企业由国有改制为民营，更名为山东埕口盐化有限责任公司。2009年1月，公司整合资产6亿元，由山东埕口盐化有限责任公司、山东埕口盐化贸易有限公司、金水源航运公司、无棣金盛化工有限公司等十几家企业组建成立了汇泰投资集团有限公司。

二、经营情况

近年来，汇泰投资集团有限公司克服国内经济增速放缓、原盐市场波动等困难，不断深化产业升级和内部改革，努力构建“一水多用”的海洋产业链条，企业生产经营继续保持较好的发展。

（一）构筑“一水多用”产业链条，推动传统产业优化升级

公司确立了蓝色、生态、循环的产业发展思路，全力构筑“初级卤水养殖、中级卤水提溴、饱和卤水制盐、苦卤提取硫酸钾”的“一水多用”产业链条。(链条基本构成：场区内的初级卤水进行生态海水养殖；养殖后中级卤水提取溴素，并进行溴系列产品加工；饱和卤水生产海盐；制盐后的苦卤生产硫酸钾、精制工业盐、氯化镁等产品)

公司利用现有初级制卤区作为海水养殖区，进行生态立体混合养殖，年产卤虫卵 100 吨、对虾 30 万千克、螺旋藻 60 吨，

各种蛤类、鱼类 60 万千克。海水养殖环节后的中级卤水生产溴素及溴化物等系列产品，已达到 5,000 吨的年生产能力。生产溴素后的高度卤水饱进行海盐生产，可达到 100 万吨的生产能力。海盐生产后的苦卤提取硫酸钾及综合利用，年可利用苦卤 80 万立方米，可生产 4 万吨硫酸钾、12 万吨精制盐、16 万吨氯化镁。

（二）加大基础设施投资，构建海洋产业优势地位

原盐生产是基础和根本，实现原盐的稳产、高产关系到公司总体经营目标的实现。公司立足区位和资源优势，继续投资实施基础设施升级改造，逐步建成跨区域的卤水输送工程，实现覆盖全厂区的塑膜苫盖。原盐生产单位立足于现有的生产面积，优化卤水走水路线和工艺技术，提高资源综合利用率，通过提高单位面积产量、机械化率和抗灾能力，提升原盐产能，成为山东省最大的海盐生产基地。

公司依托资源优势，以国家无公害养殖项目为基础，进一步实施标准化无公害池塘整理改造，实施了以卤虫、对虾养殖为主导，育苗、饲料、养殖、加工一体化的无公害海水养殖模式。公司调整了养殖产品布局，将初级制卤区 4 波美度以下的水面全部改养南美白对虾，有效提高了综合经济效益。公司通过改造和扩建，使育苗水体达到 2.6 万立方米，培育的海参苗、虾苗抗病能力强，生长发育迅速，获得周边地区养殖用户的广泛好评。

（三）坚持技术和产品创新，提高企业综合竞争力

公司依托现有技术能力，不断实施科技创新驱动发展战略，开发出环保型融雪剂、生态缓释型化肥等系列新产品，为公司产业和产品升级提供了强有力的技术支撑。

（四）积极承担社会责任，支持公益事业和慈善事业

2008 年至今，汇泰公司通过出资、捐款、认购等方式，用来修筑道路、改建学校、恢复灾区人民生活重建等，在社会上引起了广泛的反响。

三、未来的发展方向

（一）实施海洋资源综合利用，发展生态环保循环经济

公司不断转变经济增长方式，调整产业、产品结构，着力发展生态海洋化工、无公害养殖、清洁能源等新兴海洋优势产业，构建了一条“一水多用”的海水综合循环利用产业链条。公司坚持绿色投资理念，高度重视环境保护，积极开展节能减排，努力提高能源使用效率，大力发展循环经济，走低碳经济之路。公司

海水苦卤提取硫酸钾及综合利用工程，采用具有我国自主知识产权的国家“十五”科技攻关技术成果，充分利用公司及周边地区原本排放至海洋的苦卤，从根本解决了苦卤污染问题。该项目不但填补了鲁北地区硫酸钾生产空白，还被科技部确认为全国“十一五”海水资源综合利用示范项目。

（二）坚持产品和科技创新，拓展临港流产业规模

公司依托现有的技术能力，不断实施科技创新驱动发展战略，开发出环保型融雪剂、生态缓释型化肥等一系列新产品，为公司产业和产品升级提供了强有力的技术支撑。

为拓展海港物流产业规模和实力，公司计划建设临港现代物流园和 2×3,000 吨级散货码头，规划建设海港物流综合平台、海洋农副产品交易加工、机电电子装备仓储等项目。即可解决当前地区大宗货物流通和转运不畅的现实问题，为北海经济开发区经济快速发展提供有力的物流保障。

（三）优化海水养殖结构，构建养殖、加工、贸易产业集群

公司立足区位和资源优势，以国家无公害养殖项目为基础，进一步优化渔业养殖结构，实施了万亩标准化无公害池塘整理改造，开发了以生态混养为主的现代海洋渔业养殖模式，大力发展现代循环渔业养殖。公司投资 1.2 亿元高标准建设了海参养殖基

地，建设了 1 万立方水体的育苗室和 500 亩的海产品加工基地。公司海水养殖产品全部通过了绿色农产品认证，成为山东省面积最大、品种最全的绿色水产品生产基地。

（四）探索农林、旅游等产业化道路，形成产业互补格局

公司根据农林生产特点，采取因地制宜的方式，确立了农林产业的中长期发展规划，大力发展以规模种养为基础、设施蔬菜为重点、农产品加工为龙头，粮、林、渔、牧协调发展的现代高效生态农业示范园区，通过高标准制定规划，专业化技术服务，集团化市场营销等措施，逐步打造农林牧优势品牌。大力实施农林产业培育工程，重点开发一批经济效益好、发展潜力大的产业和项目，提高农副产品附加值，增强辐射带动功能。重点抓好耐盐碱玉米、棉花良种等项目的规模化生产。

2013 年，公司与碣石山镇政府签署“碣石山旅游风景区合作开发协议”，与车王镇政府签署“千年古桑园合作开发协议”，探索建立了一条以政府为主导、市场为主体、社会力量参与的多元化投资渠道，使传统旅游业得以优化升级，为今后旅游事业发展奠定了良好的基础。

（五）实施优势资产重组上市，拓展企业投、融资渠道

目前，公司已对原盐、溴素、苦卤化工等产业资产进行整合

上市，山东海盐基地的协同效应将得到最大程度的发挥。公司要通过此次重组上市，不断优化产业结构，着力实施生产园区化、自主创新化、资本多元化战略，为中国盐业发展做出新的贡献。

第六章 2013年盐业统计数据

表 6-1 制盐工业人员及报酬

单位：人、万元

	年均从业人员	年均在岗职工	从业人员报酬	在岗职工报酬
海盐区	91,755	84,255	309,198	289,622
北方海盐	80,620	73,657	284,324	266,052
辽　宁	5,230	5,110	15,441	15,375
山　东	41,296	39,013	129,419	123,611
河　北	13,071	13,052	42,530	42,335
天　津	7,002	6,263	41,208	38,497
江　苏	14,021	10,219	55,726	46,234
南方海盐	11,135	10,598	24,874	23,570
浙　江	1,259	1,206	4,284	4,087
福　建	6,354	6,080	14,359	14,291
广　东	902	902	1,504	1,504
广　西	1,030	926	759	759
海　南	1,590	1,484	3,968	2,929
井矿盐区	28,777	26,877	102,968	99,169
重　庆	2,563	2,442	9,055	9,034

续表

	年均从业人员	年均在岗职工	从业人员报酬	在岗职工报酬
四　川	8,497	7,961	23,098	23,126
云　南	2,361	2,356	9,639	9,624
湖　北	4,968	4,407	19,743	17,365
湖　南	2,507	2,427	10,384	10,145
江　西	2,577	2,577	10,122	10,122
安　徽	1,680	1,138	8,050	7,006
河　南	3,624	3,569	12,877	12,747
湖盐区	12,077	11,252	51,550	48,750
内蒙古	6,363	5,886	30,567	29,384
陕　西	740	736	3,124	3,119
甘　肃	577	560	1,233	1,233
青　海	2,600	2,307	8,510	7,072
新　疆	1,797	1,763	8,116	7,942
合　计	132,609	122,384	463,716	437,541

表 6-2 制盐工业企业产值、收入情况

单位：万元

	现价工业总产值	工业增加值	工业销售产值	产品销售收入
海盐区	2,124,323	907,015	2,056,362	2,138,766
北方海盐	2,072,986	888,539	2,004,543	2,093,130
辽　宁	47,335	16,307	44,863	52,695
山　东	1,308,591	523,436	1,271,748	1,376,965
河　北	91,285	58,499	86,085	92,078
天　津	109,279	75,277	105,972	102,243
江　苏	516,496	215,020	495,875	469,149
南方海盐	51,337	18,476	51,819	45,636
浙　江	6,417	4,188	3,741	3,831
福　建	33,217	10,785	36,631	36,538
广　东	8,144	1,468	7,956	2,044
广　西	480	270	504	504
海　南	3,079	1,765	2,987	2,719
井矿盐区	1,174,300	358,225	1,182,091	1,261,790
重　庆	120,698	33,068	126,899	126,460
四　川	166,729	52,697	166,447	174,564
云　南	162,080	60,218	164,053	185,517
湖　北	162,965	59,757	163,290	159,264
湖　南	119,315	33,888	118,935	118,173
江　西	132,867	39,178	131,019	128,999
安　徽	61,000	42,050	62,000	63,020
河　南	248,646	37,369	249,448	305,793
湖盐区	454,507	132,988	164,927	378,317
内蒙古	313,378	61,528	34,763	236,627
陕　西	41,825	20,824	43,841	43,056
甘　肃	10,819	4,048	10,474	10,394
青　海	47,882	21,816	39,263	48,649
新　疆	40,603	24,772	36,586	39,591
合　计	3,753,130	1,398,228	3,403,380	3,778,873

表 6-3 盐业批发企业利润与税收情况

单位：万元

地区	营业收入	利润总额	应交所得税	应交增值税
北京	53,842	9,100	1,635	2,099
天津	129,348	4,846	1,292	1,441
河北	167,548	8,544	1,607	3,936
山西	66,474	3,603	928	2,467
内蒙古	54,023	3,788	1,004	4,418
辽宁	61,068	5,517	1,204	2,719
吉林	58,171	1,944	714	2,635
黑龙江	73,277	5,189	1,036	2,845
上海	77,449	12,885	3,087	3,796
江苏	381,812	16,683	4,808	11,819
浙江	216,050	25,744	7,735	10,161
安徽	612,214	30,256	8,405	7,932
福建	65,129	4,979	1,177	2,081
江西	63,718	5,283	1,338	4,582
山东	376,065	14,337	3,444	14,201
河南	204,693	2,411	1,495	7,949
湖北	126,467	5,887	1,967	8,629
湖南	191,681	16,321	3,731	8,449
广东	189,549	24,759	7,138	9,325
广西	75,598	8,099	1,983	4,408
海南	13,440	1,338	334	559
重庆	198,335	6,261	548	2,832
四川	217,415	15,648	3,633	7,691
贵州	166,493	4,127	1,016	4,510
云南	185,517	10,003	1,552	8,627
陕西	122,654	10,513	2,325	3,786
甘肃	60,382	10,031	1,698	4,142
青海	2,379	−50	150	650
宁夏	11,099	2,338	587	786
新疆	67,920	4,374	1,499	6,405
合计	4,289,810	274,758	69,070	155,880

表 6-4　盐的购销存

单位：万吨

地　区	购进数量		销售数量		库存	
	合计	其中食盐	合计	其中食盐	合计	其中食盐
北　京	26.62	18.32	23.41	15.76	5.78	2.45
天　津	24.64	18.65	24.77	18.38	2.69	0.79
河　北	56.45	34.8	56.23	35.14	12.85	9.03
山　西	32.60	14.00	31.24	13.88	8.98	3.73
内蒙古	31.19	16.19	31.39	15.76	7.12	4.93
辽　宁	63.88	30.66	69.30	33.14	11.77	6.25
吉　林	15.67	12.91	16.70	13.81	6.89	6.64
黑龙江	18.69	15.57	21.14	17.48	6.76	5.69
上　海	31.48	27.75	31.44	27.40	5.52	5.18
江　苏	111.64	67.01	113.74	69.32	16.04	10.14
浙　江	103.80	69.76	103.15	69.56	18.59	13.48
安　徽	39.87	35.97	40.82	36.43	6.03	5.19
福　建	52.36	51.34	52.36	51.34	7.52	7.24
江　西	28.03	23.15	28.51	23.51	4.79	4.15
山　东	143.27	72.88	141.92	71.22	15.09	7.69
河　南	79.76	61.84	75.99	59.55	12.08	8.50
湖　北	42.56	36.69	41.00	34.93	7.26	6.48
湖　南	38.08	30.29	37.71	29.76	6.87	5.64
广　东	133.25	110.40	138.57	115.07	18.53	16.30
广　西	31.37	28.18	32.42	29.17	7.99	7.31
海　南	5.78	4.56	5.58	4.81	0.83	0.62
重　庆	33.30	30.58	32.17	29.74	4.30	4.30
四　川	89.63	80.72	90.28	78.12	12.91	12.91
贵　州	19.02	16.44	19.43	16.37	6.02	5.01
云　南	116.11	41.13	112.04	41.77	16.14	7.66
陕　西	30.71	25.19	30.39	23.99	6.87	5.90
甘　肃	24.13	15.36	23.77	15.30	6.37	3.77
青　海	5.42	2.12	7.95	3.58	0.65	0.56
宁　夏	6.54	3.91	6.25	3.83	1.67	0.94
新　疆	38.25	13.51	38.56	13.41	2.13	1.06
合　计	1,356.68	938.31	1,358.91	937.40	230.17	168.78

表 6-5　原盐分品种产量

单位：万吨

产　区	海盐	井矿盐	湖盐	合计
辽　宁	98.28	—	—	98.28
山　东	1,989.92	303.64	—	2,293.56
河　北	287.64	—	—	287.64
天　津	152.18	—	—	152.18
江　苏	77.63	1,484.30	—	1,561.93
浙　江	15.85	—	—	15.85
福　建	29.22	—	—	29.22
广　东	7.75	102.00	—	109.75
广　西	16.10	—	—	16.10
海　南	6.56	—	—	6.56
重　庆	—	258.02	—	258.02
四　川	—	378.05	—	378.05
云　南	—	129.87	—	129.87
湖　北	—	616.80	—	616.80
湖　南	—	263.07	—	263.07
江　西	—	355.47	—	355.47
安　徽	—	170.65	—	170.65
河　南	—	423.66	—	423.66
内蒙古	—	—	200.57	200.57
陕　西	—	96.93	18.46	115.39
甘　肃	—	13.87	2.77	16.64
青　海	—	—	610.00	610.00
新　疆	—	—	312.19	312.19
合　计	2,681.13	4,596.33	1,143.99	8,421.45

表 6–6　加碘盐生产、销售、库存

单位：万吨

产　区	生 产	销 售	库 存
辽　宁	20.75	21.82	1.19
吉　林	1.51	1.53	0.10
山　东	47.33	39.40	2.96
河　北	22.64	22.63	0.74
天　津	12.01	11.60	1.48
江　苏	82.26	78.47	5.42
浙　江	16.34	16.50	0.20
福　建	16.36	15.79	0.41
广　东	16.53	16.53	1.66
广　西	18.49	15.67	4.52
海　南	2.76	3.38	0.31
重　庆	15.87	15.15	1.18
四　川	53.52	51.58	2.92
云　南	40.50	40.50	1.50
湖　北	131.48	131.22	5.34
湖　南	41.63	41.65	0.41
江　西	65.04	59.78	1.41
安　徽	54.66	53.57	2.03
河　南	40.25	40.47	0.52
内蒙古	22.05	20.02	4.74
陕　西	26.67	24.13	4.46
甘　肃	12.38	12.16	0.66
青　海	11.88	9.82	1.42
新　疆	16.14	15.98	3.15
合　计	789.05	759.35	48.73

表 6–7　井矿盐制盐装置情况

单位：套

产　区	装置合计	单套 100 万吨	单套 60 万吨	单套 30 万吨以下
山　东	2			2
江　苏	13	1	4	8
重　庆	4	1	2	1
四　川	17		7	10
云　南	6	1		5
湖　北	21		7	14
湖　南	5	1	2	2
江　西	7	1	3	3
安　徽	4		2	2
河　南	10	2	5	3
陕　西	1		1	
甘　肃	1			1
合　计	91	7	33	51

表 6-8　真空制盐能耗情况

企　业	购入能源总量（折标准煤吨）	实际能源总量（折标准煤吨）	真空制盐单耗（折标准煤千克/吨）	卤耗（标方/吨盐）
山　东	82,355	81,283	108.09	10.30
江　苏	622,841	593,231	104.16	10.17
重　庆	300,587	299,209	121.95	10.77
四　川	515,127	550,051	187.47	11.58
云　南	257,388	269,333	114.10	10.59
湖　北	651,794	694,693	142.56	13.08
湖　南	348,715	352,475	119.00	10.89
江　西	431,661	431,384	116.20	10.97
安　徽	159,583	164,941	101.10	10.23
河　南	528,468	509,427	138.64	10.88
陕　西	80,100	80,314	99.82	10.10
甘　肃	31,512	31,161	163.20	9.85
合　计	4,010,131	4,057,502	127.21	11.10

表 6–9 海盐区盐田面积及单产

单位：公顷

产 区	盐田总面积	生产面积		养殖面积	其他面积
		合计	其中：结晶面积		
北方海盐区	395,891	287,635	30,734	59,679	48,760
辽 宁	33,938	28,532	2,392	3,677	2,727
山 东	202,365	157,908	18,107	23,022	20,602
河 北	77,335	59,093	3,377	6,335	11,907
天 津	27,277	26,499	1,286	—	778
江 苏	54,976	15,603	5,572	26,645	12,746
南方海盐区	22,755	15,950	2,026	4,226	3,066
浙 江	2,296	1,852	180	21	423
福 建	5,115	4,353	759	683	568
广 东	10,052	6,014	747	2,680	1,358
广 西	1,686	948	85	402	335
海 南	3,606	2,783	255	440	382
合 计	418,646	303,585	32,760	63,905	51,826

后 记

党的十八大以来，我国进入了全面深化改革的攻坚阶段，对完善现代市场体系，加快转变经济发展方式提出了新的要求，我国盐业面临管理体制的变革和激烈的市场竞争，挑战和机遇并存。在这样的大形势下，《中国盐业发展报告 2014》（以下简称《报告》）应运而生。《报告》研究、分析了盐业及相关产业的现状和发展趋势，为国家制定和完善新形势下的盐业产业政策提供了依据；为投资者了解盐业的历史和现状，探讨产业发展前景，提供了基本信息；为行业生产经营者深入分析生产经营状况，把握发展机遇，明确企业战略定位，提供了参考依据。

《报告》倾注了编写组全体人员的心血。编写组成员由行业内各领域资深专业人士组成。主要成员有：（按姓氏拼音排列）毕宁宁、陈存法、陈逸根、杜丽华、丁如明、范志、高宗麟、胡红江、胡文菊、李国祥、李树田、李治河、刘丁兰、孙万铭、王新松、王永华、韦天琦、徐长泉、杨贵志、姚志强、晏仲华、朱国荣、赵梅、周鹏程、张淑、张小茜。在收集大量原始资料的基础上，采用分工协作的方式，进行初稿的编辑撰写。其中，杜丽华负责收集统计资料和报告编写纲目的编制工作，胡红江、晏仲华、韦天琦负责编辑撰写报告的综述部分，晏仲华还编辑撰写了管理体制的演变与发展、商业模式转型部分；李治河负责编辑撰写海盐部分；杨贵志负责编辑撰写井矿盐部分；姚志强负责编辑撰写湖盐部分；周鹏程负责编辑撰写市场部分。由范志、胡红江总体协调，由杜丽华、周鹏程对图表数据进行了校对，由毕宁宁、张小茜对全文进行了校核。

《报告》的编写得到了行业内各级领导、专家和相关企业的关心支持，得到了国家统计局专家的指导，也得到了《中国盐业》杂志社、经济管理出版社的大力支持，在此一并表示衷心的感谢！

在国计民生当中占有重要地位的盐行业有了第一份产业发展报告，对消费者、投资者以及生产经营者，对促进整个行业的发展，都具有重要的指导意义。《报告》的编写尚属首次，由于编写人员经验不足，难免存在一些疏漏之处，敬请广大读者朋友批评指正。

《中国盐业发展报告》编写组

2014 年 6 月 9 日